行動の科学

The Science of Action

先送りする自分を
すぐやる自分に変える
最強メソッド

マイケル・ボルダック 著
Michael Bolduc

吉田裕澄 訳
高野内謙伍 監訳

フォレスト出版

本書は「先送り・先延ばし」の特効薬

†訳者より「まえがき」に代えて

マイケルはつねづね次のように言っています。

情報は力である――。みんなそのように教わり、信じているようだが、私は同意できない。間違った教えともいえる。

なぜなら情報を知ったからといって、現実は変わらない。得た情報を活用し、行動に移してはじめて現実は変わるのだから。情報はあくまで〝潜在的な力〟であり、使わなければなんの価値も生み出さない。行動こそが〝現実を変える力〟だ。

思ったように行動できずにゴールの達成、望む人生の実現ができず悩んでいる方はたくさんいます。事実、マイケルの来日セミナーに参加してくださる方々に話をうかがうと、ゴール達成の障害となっているものの1つとして「やるべき行動の先送り」を必ずあげます。

行動の先送りは誰もがかかる風邪みたいなものなのかもしれません。しかし、ふとしたきっかけで治癒または寛解する人もいれば、一生苦しむ人もいる非常にやっかいな病です。長引かせず、こじらせず、即行動できるようになるための特効薬はないものでしょうか。

そう思い、「先送り・先延ばしをやめてすぐ行動する人になる方法」というテーマで本を書いてくれないだろうかとマイケルに頼んでみました。

マイケルはとてもいいアイデアだと言いました。

「先送りは人々の夢を殺してしまうからね。すぐやる人になるための助けになる実践的なことをたくさん紹介できると思うよ」

こうして本書『行動の科学』の制作はスタートしました。


本書の著者マイケル・ボルダックは、父親が母親を殺害するという非常に衝撃的な経験をしました。しかも、彼がまだ7歳の少年だったときの出来事です。

わずか7歳にして、「まるで天使のようにやさしい人だった」という母親を失い、父親は収監。幼いマイケルは親戚に引き取られることになります。

しかしその後、16歳のときにこの親戚の家から追い出されてしまいます。

事件のショックから自己紹介さえ満足にできないほど重度の吃音症《きつおん》となってしまったマイケルは、恐怖や怒りの中で人生に可能性を見いだせずに自暴自棄になっていました。勉強もせずにケンカや非行行為など数々の問題を繰り返すマイケルに、さすがの養父母もお手上げ状態になったのかもしれないと、今のマイケルは振り返っています。

そんな厳しい少年時代を過ごしたマイケルですが、彼を助けたのは「学び」でした。学び、そして学んだことを行動に移し実践することで、まるで映画のストーリーのようにどん底の状況から自らが思い描いた理想の人生を実現していったのです。

ここで私が強調したいのが、彼が実践家であるという点です。

本文でマイケルも語っていますが、情報、知識を学ぶだけではなく、行動、実践することではじめて現実は変わります。彼は実践することで人生を劇的に変えたのです。

もう何年も前の話になりますが、私がはじめてマイケルの家を訪れたときのことを、まるで昨日のことのように、驚きとともに覚えています。豪華な家やプール、車、パーソナルアシスタント、メイドさんがいるような暮らしぶりへの憧れもありましたが、むしろ彼のやることとなすこと、その習慣、プライベートの姿のほうに、目を見開かされました。

彼は本書でも一部紹介されている、数多くのサクセススキルを、彼自身がクライアントに教えているとおりに、十分な成功をおさめた当時でも愚直に実践していたのです。

そして今回、本書の制作準備を兼ねて、簡単な日記のような記録をつけてもらいました。

この記録を見ると、あらためてマイケルは自身が教える心理学スキルを日常の中で活用、実践していることがわかりました。

これには何年も彼とビジネス、プライベートと行動をともにしてきた今となっても驚かされます。彼は舌先で成功法則を転がすような理論家ではなく、人々のための生きた証拠を見せつづける生粋の実践家なのだと思い知りました。

マイケルは次のように言います。

「私は実践する者を目指しているのではない。実践のマスターを目指しているんだ。目の前の行動が、たとえ小さく見えたとしても、その行動する自分としない自分とでは、まったく違う未来を生きることになる。小さな行動でも自分には大きな意味があるんだ。だからこそ日々実践していくことを大切にしている。マスターへの道に終わりはない。マスターへの道は続くんだよ」

マイケルらしい言葉です。実践するだけでも素晴らしいことですが、やるからにはマスター（達人）の領域を目指し、自分を成長させつづける。彼の姿勢が表れています。

本書のテーマは、ずばり「行動」です。私たちが理想の人生を実現するためには、行動を先送りにすることなく、すぐに実行・実践することです。間違いなくこの分野においてマイケル・ボルダックは卓越したスペシャリストといえます。

この本には、マイケル自身が20年以上にわたり研究、実践してきたこと、彼の1000人を超すコーチングクライアントに指導して効果があったスキルなどが、プロローグを含めて6つの章で紹介されています。

プロローグでは、マイケル自身が行動を先送りすることで経験した困難について書かれています。

ここで書かれているマイケルのストーリーからも、「知っていること」と「やっていること」の2つの間には大きな溝があることを理解していただけるはずです。そしてマイケルの中心的な考えである、どのようにしてゴールへのストレスだらけの道から抜け出し、ストレスの少ない最短コースに入ってゴールに向かうかも紹介されています。

第1章でマイケルは、「先送りの行き着く先は死である」と主張します。

ある特定の結果を得たければ、その原因となる行動が必須であり、行動をとらなければ、決して現実は変わらない。行動を先送りすることは、未来の自分に負債を負わせているようなものであり、自分の夢を殺すことになる、と。

しかし、行動を生み出す感情をデザインすることができれば、誰でもが行動的になれると言います。

第2章では、すぐやる人になるための第一歩として、私たちの行動を生み出している原動力、「痛みと快楽の法則」が紹介されています。

この法則を理解し活用することで、痛みと快楽に振り回される人生から、自らがコントロールする人生を生きることができるようになります。自らがすべき行動に快楽を結びつけ、少しずつ快適に感じられる領域を広げていくことで習慣にしていく方法が紹介されています。

マイケルは、「卓越した人生を送る秘訣は、どれだけ不快適なことを快適に受け入れることができるか」にかかっていると言います。

第3章では、私たちの行動に無意識にブレーキをかける信念、「リミティング・ビリーフ」について説明しています。

私たちは本来であればできることも、このリミティング・ビリーフによって制限がかけられ、十分な能力を発揮することができずにいるのです。

この章で解説されている方法で、あなたを足踏みさせるブレーキを外し、すぐに行動する人に生まれ変わることができます。

第4章では、私たちを行動から遠ざける要因を、「視覚・聴覚・身体感覚などの内的再表現」、そして「言葉」から見ていきます。

この章で自分の行動を止めているパターンに気づき、その対処法を知り、実践することで、ほぼすべての行動への障害を乗り越えることができるでしょう。マイケルのコーチングを受けた人があっという間に変化を起こしたように、あなたもこの章の情報を実践することですぐやる人になれるでしょう。

第5章では、マイケルが成功の80%を占めると言っている「理由」について書かれています。

なぜ、ゴールを達成したいのかという心の中の絶対的な理由を見つけ、感情にスイッチを入れることが大きなモチベーションを得る秘訣なのです。

これができれば行動への極めて大きな原動力になります。そして、マイケル自身も毎日活用したという日々行動を生み出し、自分を成果に導くR・E・Mクエスチョンも紹介されています。

本書ではたくさんの情報が紹介されています。

しかし、冒頭のマイケルの言葉で語られているように、ここで紹介されている情報は潜在的な力であり、情報自体には価値はありません。情報そのものが私たちの人生を、現実を変えてくれることはないからです。

こうしてこの本を手にとり、読んでくださっているあなたが、この本で受け取った情報を実行に移すことで、はじめて現実は変わります。これこそが本書の価値なのです。

２０１５年11月

吉田　裕澄

CONTENTS
行動の科学

あなたが今いる道、これから進むべき道はどれか？

第1章　「先送り」はあなたを殺す

先延ばし・先送りがあなたの現在と未来に与えるツケ

痛みと快楽に翻弄される側からコントロールする側へ

あなたの痛みを快楽に結びつける方法

第3章　私たちを足踏みさせる思い込みを壊せ

第5章 すぐやるためのゴールのつくり方

装　幀　†　重原　隆
DTP　†　野中　賢（株式会社システムタンク）
本文フォーマット・図版作成　†　フォレスト出版編集部
帯写真　©ki33

プロローグ

最速で行動し、最短でゴールに向かう方法

身体が勝手に動く、身体機能に訴求するレベルで「すぐやる人」に

行動する前にやるべきことが多すぎる？

成功の80％は心理面であり、20％が方法である——。

これは私の中心的な信念の1つであり、つねに一貫してお伝えしていることです。

本書のテーマである「すぐやる人になる」という点についても同じことがいえます。

本書全体の80％がものの見方やとらえ方、考え方などの感情面、そして20％が具体的な方法論であり、両面からあなたの人生を変えるような、たくさんの役立つ情報をご紹介していきます。

この本を手に取って、「〝すぐやる人〟になるためにはずいぶんとやることがたくさんあるんだな」と思われる方もいらっしゃるかもしれません。

しかし、これから本書で紹介することは、そのすべてをマスターしなくては効果が得られないものなのかといえば、まったくそんなことはありません。

まずは日頃の自分を振り返ってみて、あなたの課題になっていること、必要なこと、そして「これならできそうだ」と思ったことから取り組んでみてください。気になった1つ、2つのことを実践していただくだけでも、やりたいこと、やるべきことに向けてみるみるモチベーションが上がっていくのを実感していただけるはずです。

実践してこそ、本書の情報はあなたの力になるのです。

理想の人生のための道具箱を手に入れる

想像してみてください。

これから私はあなたに道具箱をお渡しします。とても大きな道具箱です。この道具箱には、たくさんの道具が入っています。大きいもの、小さいもの、頻繁に使うもの、普段はあまり使わないけれどたまに使うことで大きな効果を発揮するもの……。道具箱の中にはいろいろな道具が入っていますが、間違いなく、どれもこれもがとても効果があることがわかっている一級品です。

しかし、今すぐに必要としている道具は、人それぞれ違うものでしょう。大切なのは、今あなたが必要としている道具を見つけ出し、実際に使ってみることです。使ってみると、その効果にあなたは驚くかもしれません。

釘を打つために、そのへんから適当に見つけてきた石ころを使ったとしても、釘を打つという目的はなんとか達成することができるかもしれません。

しかし、1本や2本ならまだいいのですが、毎日たくさん釘を打つとなるとたいへんです。たくさん釘を打つのなら、間違いなく金槌を使ったほうが何倍も早く、楽に、仕上がりもよく、効率的にできるはずです。

また、人間性心理学の生みの親アブラハム・マズローが言うように、もしあなたが金槌しか道具を持っていなかったとしたら、まわりのものすべてが釘に見えてきてしまうかもしれません。しかし、対象がネジやナットでは、金槌1つで解決することができません。その場面、対象に合った道具が必要なのです。

ですので、あなたには必要なときに必要な道具を使っていただけるように、たくさんの道具が入った道具箱をお渡しします。

仮にドライバーでネジを締めたいと思ったときに、金槌の使い方やペンチの使い方を知らなかったとしても、十分ネジは締められます。すべての道具を使いこなせなかったら何もできないということはないのです。

そして、使える道具が増えれば増えるほど、対処できる場面も増えていきます。

ぜひ、本書で紹介する技術を使って、あなたの理想の人生の実現に役立ててください。

自転車の乗り方を言葉で説明するように

「すぐやらない人」というのは、人から本をすすめられても「読むのがめんどうだな」と感じて結局読まずじまいになるパターンがほとんどのはずです。

しかし、本書を手に取ってくださった大方の人は、自ら書店やインターネットなどで面白そうだな、勉強になりそうだな、と思って買ってくれたと思います。とりあえず、最初の難関はクリアしているわけです。

しかし、本書を読み進めた方が、私が用意した道具を実際に使ってくれるかどうかという第2の難関が待ち構えています。

あなたがはじめて自転車に乗れるようになったときのことを思い出してみてください。

最初からすぐに乗れるようにはならなかったと思います。やはり繰り返し練習し、時には転んだりしながらもあきらめず、気がつけばとくに意識することなく、自由自在に乗りこなせるようになっていたのではないでしょうか。まるで自転車が自分の手足になったかのような身体感覚さえ得られたはずです。

もし、そうした経験があなたにあるのならば、きっと大丈夫です。倒れても怪我をしても、あきらめることなく自転車を乗りこなせるようになったという成功体験があることがその理由の1つ。そしてもう1つが、本書でお伝えする道具は自転車を乗りこなすよりも何倍も簡単に使えるものだからです。

自転車の乗り方を子どもに言葉で教えようとするとたいへん難しい。「ペダルに足をつけてサドルに腰を下ろしたらそのままペダルをこいでみて」と言われて一発で乗りこなせる子どもはほとんどいません。

しかし本書でお伝えする道具は、簡単に言葉で説明できますし、私のクライアントの1000人以上を一瞬で目標達成に向けて動かした実績があります。

「勝手に足が動く」レベル、いつの間にか自然に自転車を乗りこなせるような身体機能に訴求するレベルで「すぐやる人」になるための道具の使い方をお伝えしていきます。

あなたが今いる道、これから進むべき道はどれか？

行動する者の前に開かれる3つの道

私は、目標達成コーチングのエキスパートとして知られています。今では、私のヒーローの1人でビジネスコンサルティングの世界的権威であるブライアン・トレーシーからも、世界ナンバーワン目標達成コーチだと推薦をもらえるまでになりました。

しかし、じつは今から約10年前、私自身も先延ばしや先送りの問題で難しい時期にありました……。

2005年、私は気になる新聞広告を目にしました。その広告の見出しには「成功とは学ぶことのできるスキルである」と書かれていました。世界トップクラスのサクセスコーチとして知られている講師による大規模なセミナーの案内でした。

これまでに本やオーディオコースなどでいろいろと学んでいたものの、なかなか思ったような人生を実現できずにいた私は、これが自分を変える最後のチャンスだと思い、当時手元にあった唯一の金目のものである金のネックレスを売り、この4日間のセミナーに参加しました。

本書を読んでいただいているあなたも同じように感じているかもしれませんが、そのときの私も、「この人は私の人生を変えてしまうような、いったいどんなことを教えてくれるのだろう?」「彼は世界的にも有名な成功の第一人者だ。人生を変えてしまう何かを教えてくれるに違いない」とワクワクしたものです。

そして実際に、彼はのちの私の人生を大きく変えることになる、極めて重要なことを教えてくれたのです。

彼は、成功を得ようとする人たちに示される道は3つあると言いました。

◎「ちょっとやってみる、かじってみる」道。
◎ストレスの道。
◎コーチングの道。

それぞれについて説明していきましょう。

壁に当たるとすぐに投げ出す †何もマスターできない1つ目の道

1つ目の道は、とりあえず「ちょっとやってみる、かじってみる」という道です。自分の望むゴールを設定したほとんどの人は、とりあえずゴールに向かって行動を起こしていきます。すると、ほどなくして私たちは必ず何かしらの障害に直面することになります。大なり小なりの壁にぶつかるのです。

これは大きなゴールへチャレンジしようとするときには避けて通ることができない事柄です。しかし、1つ目の道にいる人は、そこで簡単に行動をやめてしまいます。

彼らは壁を嫌うのです。壁を乗り越えないことには何かをマスターすることなどできっこないと知っているはずなのに。当然、この道にいる人はゴールには到達することはできません。理想の人生を生きるためには、必要なことを必ずマスターすると決断しなければならないのです。

私はこの話を聞いたときに誇らしく思いました。なぜなら、私はこの道にはいませんんでしたから。

ただし、かつての私は、そもそも自分に自信などまったくなく、自分の可能性というものを信じることができずにいたので、ちょっとかじってみる、ということさえしませんでした。毎日を生きていくだけで必死だったのです。

しかし、友人のすすめで成功に関する本を読んだり、オーディオコースで勉強したり、セミナーに参加したりと、私は「学ぶ」ということを覚えました。そして学んだとおりに大きなゴールを設定し、そのゴールに向けてあきらめることなく行動を続けようという断固たる決意を持っていたのです。

行動する者の前に立ちはだかる壁、壁、壁　†ストレスフルな2つ目の道

2つ目の道は、ストレスの道です。

ゴールを目指し、何かをマスターすることにコミットし、行動を続けると、必ず壁にぶつかります。ここまでは1つ目の道と同様ですね。

しかし、壁にぶつかってもちょっとやそっとであきらめたりはしません。壁にぶつかってストレスを感じても、壁を越えられずストレスを感じても、行動をやめないのです。や

めることなく試行錯誤を続けるので、いつかこの壁を乗り越えることができるのです。

これはとても素晴らしいことです。

では、この道にいる人には、次に何が起こるでしょう？

成功？

いいえ。やっと突破できたと思っても、すぐにまた次の壁が現れるのです。またもやストレスを感じながらの試行錯誤の繰り返しが待っているのです。

そう、２つ目の道はストレスまみれの人生だということです。

当時の私は、この道の上を歩いていました。私はコーチングビジネスで月１００万円を稼ぐという目標を持っていました。それまでに私が一月に稼いだことがある最高額は30万円だったので、月収１００万円というのは私にとって大きなゴールでした。

しかし、私は「成功者はたくさんの行動をし、決してあきらめない」ということを学んでいたので、障害に直面しても、次々と行動をしつづけました。そして、試行錯誤の末に障害を乗り越えることができたという成功体験を得ました。

ところが、すぐにまた次の障害はやってきます。そしてまた試行錯誤を繰り返し、ストレスを感じながら行動するのです。毎日がストレスの連続、１つクリアしてもまた１つ増え、徒労感と疲労感に苛《さいな》まれる一方でした。

どうでしょう？　いくら周囲からその努力が称賛されたとしても、こんなストレスフルな生き方、あなたは選びたいでしょうか？

ゴールへのショートカット　†ストレスの少ない３つ目の道

そのセミナーで講師は、もっと簡単な道があると言いました。

私は彼の言葉に疑いを持ちました。

「そんなものがあるわけがない。忍耐と努力こそが最短の道だ」

私ははっきりとそう言えるくらい、毎日一生懸命に行動していました。それでもなお、なかなか望む成果を得られないというのに、もっと簡単にうまくいく方法なんてあるわけないじゃないか、と。

３つ目の道として彼が教えてくれたのは、コーチングの道です。

どの道を行っても、結局のところ必ず障害には直面します。繰り返しになりますが、これはゴールに向かってチャレンジをする以上、避けることのできない現実です。障害がなくなるということは決してありません。

ただ、3つ目の道がほかの2つの道と圧倒的に違うのは、過度にストレスを感じることなく障害を乗り越え、ゴールを達成することができるという点です。

それは何か。

すでに自分の欲しい結果を得ている人、お手本となる人を見つけ、その人をコーチとして、具体的なゴール達成の方法を教えてもらうのです。

考えてみてください。

◎大きな成功と幸せをもたらすのはどのような考え方なのか、やり方なのかを試行錯誤を繰り返し、答えを探し出す。

◎コーチから自分の理想の人生を歩むための考え方ややり方を具体的に教えてもらう。

あなたならどちらの道を選ぶでしょうか。

以前、私はタイのバンコクで次のアポに向かう途中で道に迷ってしまったことがあります。一緒にいた友人は私が遅れてしまうのではないかとたいへん心配していました。

しかし、私はコーチングの原則を使って、タクシーを停めて自分の行き先を伝え、運転手に目的地まで誘導してもらいました。そのおかげで私たちは簡単に、そして時間どおりに目的地にたどり着くことができました。

要は同じことです。そう、コーチが目的地までのルートを教えてくれるのです。その教わったことを実際に行動に移していくことによって、ゴールまで今まで想像したよりも早く、簡単に、到達することができるのです。

私が実際に3つ目の道を歩むのは、ここから少し時間が経ってからにはなりましたが、人生のあらゆる場面で3つ目の道、コーチング、モデリングの道を行くことで短期間に大きな成果を上げることに成功しました。

ストレスの道とコーチングの道の距離

前項のコーチングの道の話を聞いたときに、私はとても興奮しながら次のように思ったことを、まるで昨日のことのように覚えています。

「あ、この話は以前に聞いたことがあるのに、まだ実際にやっていなかった！　今までいろいろ学んできたにもかかわらず、実際にまだ行動を起こしていなかったのはまさにこれだ！　これこそ、自分がやらなきゃいけないことだ！」

希望が見えた瞬間でした。それまで両手に抱えきれないほどのストレスを感じつつも、あきらめることなくどうにか試行錯誤を繰り返してきましたが、3つの目の道を示されたことで、自分の本当にやるべきことがはっきりわかり、重荷を下ろしたように心も身体も軽くなりました。

「よし、実際にコーチを雇って3つ目の道を歩もう！」

しかし、同時に私の頭の中で、このような声が聞こえていたのです。

「でも、お金がない……」

「本当に自分にできるのだろうか……」

私はやるべきことがはっきりとわかっていたにもかかわらず、結局3つ目の道を先送りにしたのです。これは、この時点で私が犯した最も大きな間違いの1つです。

おそらく、ここから数ページ続く私のエピソードに対して、あなたは「何やってるんだ、マイケル！」と心の中で叱咤《しった》したり、イライラするかもしれません。しかし、それは望むところです。私の姿は「先送り」に悩むあなたの写し鏡。その感情を大切にしながら、ぜひ読み進めてください。

さて、セミナーから帰った私は、すっかり刺激を受け、まるでモチベーションの塊《かたまり》のようになっていました。誰にも私の勢いは止められないのではないかと思えるほどです。たとえどんな障害があろうと、ストレスがあろうと、コーチの指導を受けなくても、とにかく勢いに任せ、あきらめることなく2つ目の道であるストレスの道を邁進《まいしん》しました。そして、目標であった月に100万円稼ぐというゴールにあと一歩に迫る80万円という結果を達成することができたのです。

100万円というゴールには届きませんでしたが、この成果に私自身、とても驚きました。月に80万円を稼ぐということは、それまでの3倍に近い収入の実現であり、当時の私にとってはとても大きな出来事でした。

私はとても興奮しました。これはスゴイ、彼の教えていることは本当だ。

3つ目の道、コーチを雇うという選択はしなかったものの、そのほかモチベーションを生み出すためのインカンテーション（感情のともなったアファメーション、184ページ参照）、身体の使い方、言葉の使い方など、彼に教わったメソッドを実践することで、かつてないほどのモチベーションを感じることができました。そこには前に学んで知っていたにもかかわらず、まだ実践していないことがいくつもありました。

やはり彼の教えに従い、そのとおりにやるべきだ。あらためてそう思いました。

そのとき、再度セミナーで彼が教えていたことを思い出しました。

再三の先送りの末に

よし、コーチにつこう。今こそコーチについて3つ目の道を行くべきだと。

彼の会社を調べて電話をかけ、電話に出た女性スタッフと話をしました。

コーチングに関していろいろと質問をすると、彼女は丁寧に教えてくれました。そして彼女からもいくつかの質問を受けました。そのときどんな話をしたのか詳しいことは忘れてしまいましたが、私が答える内容を彼女はカチャカチャとキーボードのタイプ音を響かせ、メモをとりながら聞いてくれたことを覚えています。

私は彼女の説明を聞きながら、やはり自分はコーチにつくべきだ、コーチにつこうと確信していました。しかし、話が進み、コーチングに必要な料金を聞いたとき、私の中でこんな声がしたのです。

「やっと稼ぐことができたこのお金を手放すのか？」

すると、私は「支払い」という目の前の行動に痛みを感じはじめました。そして、私の中からこのような答えが導き出されました。

「もうちょっと稼げたらやればいいか……」

結果として、またしても私は行動を先送りにしたのです。

翌月、私の収入は50万円ほどに減ってしまいました。そして、ストレスまみれの毎日に、私のモチベーションはすでに薄れはじめました。誰にも止めることのできないほどの猛烈なモチベーションや大量行動はすっかり影を潜めていったのです。

がむしゃらな行動は破滅をもたらす

私は、徐々に必要な行動を先送りするようになっていきました。

そして事件は起きました。当時私はイギリス人の男性とルームシェアしていたのですが、ある日突然、彼が出て行ってしまったのです。

彼は私にこう言いました。

「お前みたいに四六時中つねにがんばっているような暑苦しいヤツと一緒にいるのは楽しくない。もうここにいるのがイヤになった」

この出来事は、その月から今までシェアしていた家賃のすべてを私が払わなくてはならないということを意味していました。私はなんとか状況を変えようと、必死でもがきました。まさにセミナーで学んだ2つ目の道、ストレスの道です。

壁にぶつかっても、あきらめることだけは決してしたくありませんでした。しかし、そんな私を見て、今度は当時のフィアンセにもこう言われました。

「ストレスを溜めているあなたと一緒にいるのはイヤ」

フィアンセは、しだいに私といることを避けるようになりました。彼女は外に出かけることが多くなり、お酒を飲んで帰ってくるようになりました。

「いったい自分は、なんのためにがんばっているんだろう……」

そんなネガティブなことを考える時間が増えていきました。

ストレスまみれの毎日も、もはや限界を迎えつつありました。少しずつ、私も避けていたはずのお酒を飲むようになっていきました。その量が増えていくのも、もはや時間の問題です。

「彼女は私を裏切っているのではないか……」

お酒を飲みながら、そんな猜疑心《さいぎしん》が頭をもたげはじめます。

気がつけば、仕事などほとんど手につかず、1日の多くの時間がフィアンセへの疑い、無力感など、ネガティブな感情に苛まれました。

ここまで来ると、もう当初の目標である月収100万円のことなど、どこかに吹き飛んでいます。

当然、生活もままならない状態にまで陥りました。私が無一文になるまでに、それほどの時間は必要ありませんでした。

この先、私はどうなってしまうのだろうか？　フィアンセとの間の生まれたばかりの息子を思い、強い恐怖に襲われたことを覚えています。

この私の失敗エピソードでみなさんに教訓にしていただきたいのは、「たとえ知っていたとしても、実際に行動に移していなかったとしたら、それは知らないことと一緒である」ということです。

第一歩を踏み出そう

私は先の苦い経験から学び、同じ失敗を繰り返すことはしませんでした。

私は決断しました。

もう決して、二度とこのような状況に陥ることはしないと。

故郷カナダに戻り、兄に住む部屋、食事など世話になりながら、はじめの1カ月間は兄の見習いとして無償で働きました。兄をコーチ、ロールモデルとして衛星放送の取り付け工の仕事でお金を稼ぐ方法を学んだのです。2カ月目には、すぐに40万円という収入を得て、財政面の改善ができました。

そして、やっと3つ目の道の上に立つときがきました。

つまり、アメリカの一流サクセスコーチを雇い、彼の指導のもと、成功へ向けた基礎的な考え方、スキル、習慣を身につけたのです。彼から学び、学んだことを実践していくことで、その後の私の人生は大きく好転しました。

世界的な指導者として知られている、ブライアン・トレーシー、ジャック・キャンフィールドからも個人コーチングを受け、ブランディングや出版、ライティング戦略について学び、実践しました。彼らのおかげで、自分のビジネスをさらに大きく成長させることができたのです。

ほかにもセールスのコーチ、ファイナンスのコーチ、投資のコーチ、健康のコーチを雇い、彼らの戦略を学び、実践しました。

人生の各分野で、コーチング、モデリングを活用し、幼少期のトラウマから、自己紹介さえすることができなかった、重度の吃音症だった少年が、人生を一変させることに成功しました。

これは、つねに人生のあらゆる場面において、コーチング、モデリングを活用し、3つ目の道を行った結果です。

このプロローグから最もあなたに伝えたいメッセージが次の一点になります。あなたは私のような回り道はせず、コーチングの道を選んでください。そして、その道標として本書を活用してください。

第1章

「先送り」はあなたを殺す

先延ばし・先送りがあなたの現在と未来に与えるツケ

多くの人の代表的な障害の1つが「先送り」

私は過去20年以上のキャリアの中で、個人コーチング、セミナーなどで多くの人たちに対して目標達成のための指導をしてきました。

個人コーチングやセミナーには、自分の夢を実現したい、目標を達成したい、自分が抱えている人生の問題を解決したいという方がたくさん来てくれます。

夢や目標、抱えている問題などは人それぞれです。しかし、多くの人の障害となっていることにはいくつかの共通点があります。

じつに多くの人が、自分の目標を達成する障害になっていることの1つとして、行動の「先延ばし」「先送り」をあげます。

モチベーションに満ち溢《あふ》れていたはずなのに、再度お会いしたときに進捗を尋ねると口ごもってしまう人がいます。

しかし、先延ばしや先送りならまだましです。

やろうという意志が非常にたよりなく、いつ消えるとも知れず揺らめいてはいますが、薪《まき》さえくべることができればもう一度ハートを熱くさせるための火種は残っているわけです。プッシュしつづければどこかでスイッチが入って見違えるような進化を遂げることができます。

一方で残念なのが、すっかりその火が消え、結局最後まで「やらない」という人も中にはいることです。

あなたにも私にもわかっているとおり、行動を起こさない限り、決して現実が変わることはありません。

すぐにやれない人など存在しない

「めんどくさい」「明日やればいいや」「ほかにやることがある」「忙しいしお金もないからやっぱり無理」……。

図１　思考から結果への２つのプロセス

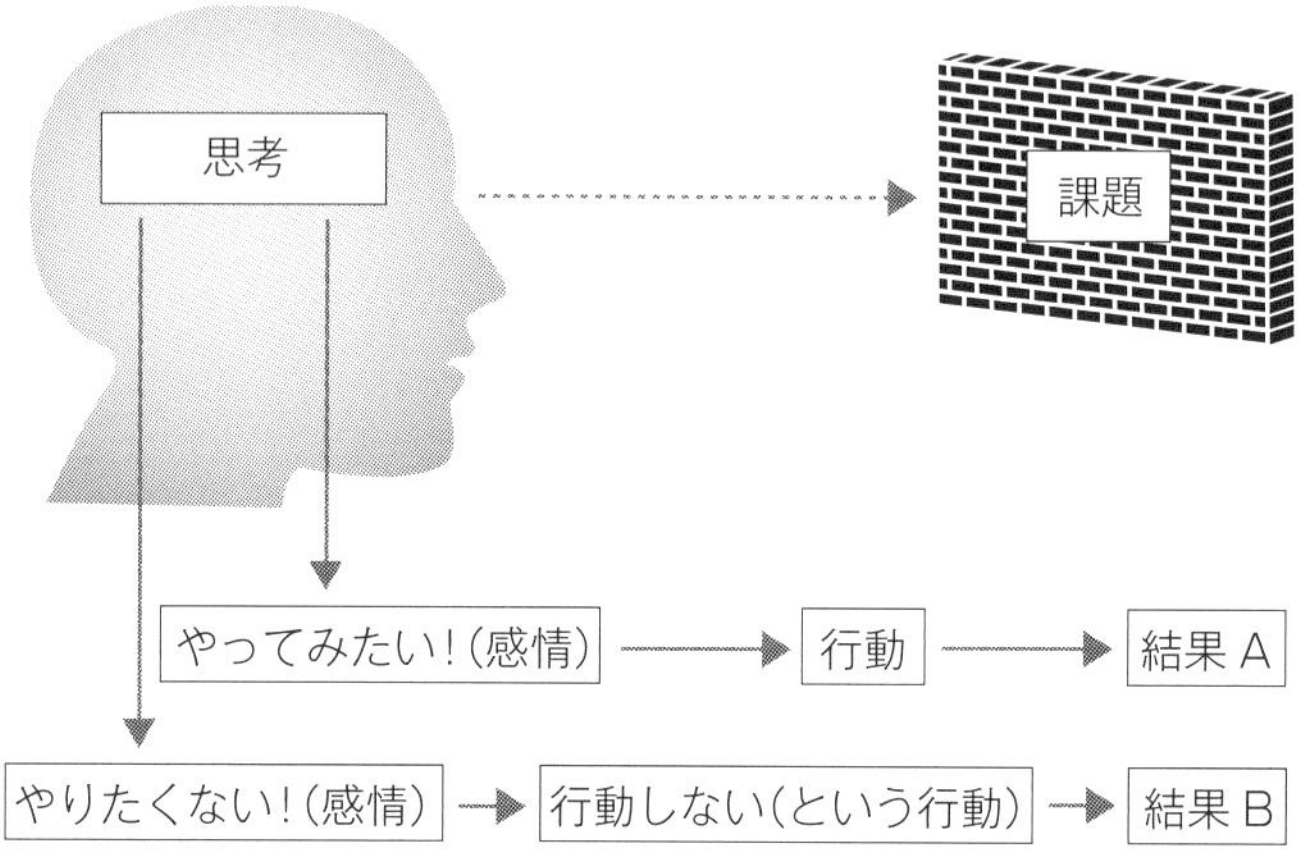

人間なら誰しも、こんなことを考えたり、やるべき課題をほったらかしにしてしまったことがあるのではないでしょうか。プロローグに記しましたが、もちろん私にも経験があります。

ただし、もしあなたが先送りをして、即行動ができないことで悩んでいたとしても、あなたの性格、ましてや人格に問題があるわけではありません。自分自身に失望したり、否定する必要はまったくありません。

「すぐにやれない人など存在しない」ということを、まずあなたにお伝えしたいと思います。

すぐに行動に移せないことで困っている人がいるとすれば、その人はただ、すぐやれない状態にあるだけなのです（図1）。私たちの行動は、私たちの感情が原因となって決まります。つまり、行動できないという結果は、行動できないような感情が原因となって生まれているのです。

行動に向かっていけるような感情をデザインし、行動できる状態をつくれば、誰でも見違えるようにアクティブになれるのです。

今の「不満」の原因は過去のあなたの先送り

もし今、あなたが人生において望んだ結果を手にすることができずにいて、なんらかの不満を感じていたとしたら、その「不満」という結果は、過去におけるなんらかの先送りが原因となって、今あなたのもとにあるのです（図2）。

私たちは誰でも子どものころから現在に至るまで、いつかこんなことをやってみたい、こんなふうになりたい、こんなことができるようになりたいなど、さまざまな夢や願望、目標を思い描いてきました。

それ自体はとても素晴らしいことですし大切なことです。しかし、ただ思い描くだけで何もしなければ、その夢や目標は決して現実のものとはなりません。

図２　原因と結果、過去と現在

もし、あなたが以前に比べてすっかり太ってしまって体力もなくなり、すぐに疲れてしまうようなエネルギーの低い状態にあるとしたら、その結果を引き起こしたのは、経過した時間ではなく、食生活、生活習慣の改善や定期的な運動などの行動を先送りしつづけたことが原因なのです。

こうした状況になる前に、健康的な食生活、運動、正しい生活習慣の実践という行動を選んでいれば、今現在はまったく違った結果を手に入れているはずです。

このような結果は、ある日突然に生まれたりはしないのです。

特定の結果を得るためには、その原因となるものが必ず存在します。私の教えはこの「原因と結果の法則」に基づいています。

ほとんどの人は、今までの人生の中で、必要な行動を先送りすることで困難な状況になった経験があると思います。

それは小さなことかもしれないし、小さなことが積もり積もって大きなことになったのかもしれません。

一方で、すぐに行動することがどれほど自分にいい結果をもたらすのか、どれほど気持ちのいいことかもあなたは理解していると思います。

来週、来月、1年後、5年後、10年後……、あとでたいへんな思いをするよりも、今少しばかりたいへんであったとしても、すぐにやったほうがいいに決まっている。

今、やるかやらないかで5年後、10年後はまったく別のものになる。

多くの人が頭ではそのように思っているのに、なぜ私たちはすぐに行動することができないのでしょう？

子どもVS.完璧主義者
すぐ行動する人、しない人の意外な性格

子どものようになれる人ほど行動する理由

私のセミナーには、国籍、年齢、仕事、目標の異なる多くの人たちが参加してくれます。

その中でもはっきりと共通していることなのですが、すぐ行動する人、短期間に成果を出す人は、積極的にセミナーに参加する姿勢を持っている人です。

私の話にうなずき、メモをとり、気になることがあれば積極的に質問します。その場で取り組む演習などがあれば、子どもが遊びに夢中になるようにとても熱心に参加します。休憩時間のたびに質問に来てくださる人もいます。

コーチである私を信頼し、学ぶことを楽しみ、教わったことをとにかくやってみるのです。まるで子どものように素直なのです。

そして、目指す目標を達成している自分を想像し、実際に行動に移すのです。

２０１５年に日本で行ったセミナーで、コーチングビジネスをはじめて30日間で５１７万円を稼ぐという、過去の私のセミナー参加者を通じてもトップレベルの大きな成果をあげた男性がいました。いつものように、私はその男性にも成功の秘訣をインタビューしました。

すると、彼は成功の秘訣として次のようなことを話してくれました。

「マイケルから教わった、『今、私が得たい結果はなんだろう？』という質問を１時間に１回自分にしたことです。マイケルがやっていたように、私も１時間に１回この質問を通知してくれるようにｉＰｈｏｎｅを設定しました。そうしたら、つねにフォーカス（意識の焦点）がゴールに向き、たくさんの行動をとることができ、とても効果的でした」

もちろん、成功の秘訣はこの１項目だけではありませんでしたが、この例に代表されるように、男性は教わったことを、すぐに自分の日々の習慣として取り入れたのです。このように素直な人はすぐ行動し、結果を出します。

もちろん、誰もが１００％の結果を得られるわけではありませんが、たとえ思ったような結果が得られなかった、わからないことがあったとしても、素直な人は何度でも私に質問をします。

このサイクルが成長を早め、結果までの行動を加速させるのです。

私自身も生徒として誰かから学ぶ機会がありますが、先生を信頼すること、全力で参加すること、そして実践することをいつも心がけていますし、つねにコーチにとって最高の生徒であろうと決断して学んでいます。かつてＮＬＰ（神経言語プログラミング）の共同創始者として著名なジョン・グリンダー博士のクラスで学んだとき、彼は私を「ナンバーワンの生徒だ」と評価してくれました。

しかし、私はいつも最高の生徒だったわけではありません。先生の教えを疑い、行動に移さなかったこともあります。

そんなときは思ったような結果を得ることができなかったのは当然として、あろうことか自分の不出来を先生の指導のせいにしたものです。

ところが、あるときふと叔父から受けた空手の指導を思い出したことで、生徒としての取り組み方がガラリと変わりました。

私に学びに対する姿勢を最初に教えてくれたのは、空手の黒帯だった叔父でした。７歳のとき、空手に憧れていた私は叔父をとても尊敬しており、その指導を受けていました。

ところがトレーニングはたいへん厳しいもので、空手の型の反復練習を５００回も課されることもありました。

まだ子どもだった私は500回も繰り返す前に飽きてしまい、途中からいいかげんに練習しました。叔父はそんな私を見つけ、次のように言いました。

「500回やることが目的ではない。回数ではなく1回1回に真剣に取り組むことが大切なんだ」

1回1回のクオリティを追求すると、もっと足の踏ん張りが必要ではないか、腕の角度がすぐ下がる癖があるのではないか、などとそのたびに身体全体でフィードバックを受け、上達速度が高まります。

しかし、真剣であればあるほど、その繰り返しに終わりがないことに気づきます。新たなフィードバックは尽きることなく見つかるからです。500回というのは終わりなき学びの道を子どもに気づかせるためのものであること、叔父のようなマスターと呼ばれる人でも毎日修練を欠かさない理由が、幼心にも理解できました。

その後、私は叔父の指導に真剣に取り組んだことで空手を上達させました。これが生徒としてのあるべき姿勢の一つとして心に刻み込んだ、私の最初の成功体験でした。

あなたにも、誰かに何かを教わって成長した体験があるはずです。ぜひ、そのときの気持ちを思い出してください。

完璧主義ほど低い基準はない

一方、先送りで悩む人、なかなか結果を出せないで悩む人は、セミナーへの参加姿勢も消極的です。

わからないことを恥ずかしいことと考え、質問もしません。演習などがあっても、やはり恥ずかしがってその場で取り組みません。

そして、意外に思われるかもしれませんが、完璧主義的な傾向が強い人も少なくありません。

完璧主義というのは、高い基準を持ち、卓越した結果を出すプロフェッショナルな人といった、よいイメージを持っている人もいるかもしれません。

しかし、完璧主義者ほど万全な準備をし、確固たる勝ちルートを見つけることに腐心します。

質問しても、正解かどうか不安だと手をあげない。恥をかくくらいならしないほうがいい。

そして、あれこれと長い時間準備を続け、行動に移そうと思っても、やはりまだ完璧な状態といえないような気がして、また準備をする。そして、再度行動に移そうと思ったときには、外的な状況が変わっていて振り出しに戻る。そしてまた一から準備がはじまり……、という繰り返し。

私にとっては、完璧主義ほど低い基準はありません。100点満点でないと動けないというのは単なる逃げ口上です。

ですので、準備に完璧さは求めないでください。第3章でもお伝えしますが、50％ほどの確信を持ったならば、すぐに行動に移すべきです。そして、とにかくやってみて、実行する中で得られたフィードバックによって行動を改善していく、というサイクルを大切にしなければなりません。

強調しますが、行動しない限り、現実は変わらないのです。

行動しないことは夢も身体も「死」に追いやる

先送りの行き着く先は死

†先送りはドリームキラー

私たちが行動を先送りしつづけたとすると、何が起こるのでしょう？

まず、行動しないことで、目指すゴールを達成することができなくなります。

そして、先送りによって起こった悪い状態、悪い結果によって人生のあらゆる出来事が下降スパイラルに陥り、さらなる難しい問題を引き起こします。

私のクライアントでダイエットを先送りにしている女性がいました。

彼女は自分が望ましい状況になく、それを一変させるためには食生活の改善、定期的な運動が必要だとわかっていました。彼女は自分の体型が原因で、いつか恋人に捨てられるのではないかとつねに恐怖を感じていたのです。にもかかわらず、なかなか必要な行動に取り組もうとはしませんでした。

ついつい、「今日はいいや、明日から」とダイエットを先送りにする人は多いかもしれません。極端な例に聞こえるかもしれませんが、その先送りの先にある結果として、脂肪過多の不健康な肥満状態、さらには生活習慣病といったリスクを高めることになります。

そして、不健康な生活習慣がガンなどの深刻な病気の要因となりうることを考えると、先送りの究極の結果は〝死〟であるとさえいえます。

人間関係、ビジネス、キャリア、財政面、感情、成長……、先送りは私たちの理想の人生を徐々に破滅させることになります。

私の信念の1つは、〝先送りはドリームキラーである〟というものです。

燃え盛る家の中に苦しんでいる人がいる。放っておけば状況は悪くなるばかり——。

私にとって先送りはこれと同じことです。その家の中にいる人を救い出したい。

これが私の仕事です。

痛み止めはいずれ効かなくなる

ずいぶん前の話になりますが、私の兄の話をしましょう。

プロローグでも触れましたが、私の兄は身体を酷使する仕事をしていました。長い間重い物を持ち上げたり運んだりを繰り返していたため、背中を痛めていました。身体の不調に気がついていたものの、兄は長い間なんらかの対処をすることを先送りにしていました。

すると、背中の痛みは徐々に酷くなり、しだいに痛みに耐えかねるような状況になりました。ほどなくして兄は病院にかかるようになったのです。

病院では、医師から痛み止めが処方されました。最初は痛みが和らぎ、楽になったのはよかったのですが、だんだんと痛み止めは効かなくなっていきました。

すると痛みを避けるために、より強い薬が処方されるようになりました。と同時に、兄はモチベーションを失いはじめ、だんだん仕事をサボるようになったのです。仕事に行かずに一日中ソファに寝そべってテレビを見ている、そんなことが日を追うごとに増えていったのです。

状況がどんどん悪くなっていっても、兄は先送りをつづけ、行動を変えることはありませんでした。当然仕事も難しい状況になり、兄はすっかり自信を失っていきました。

あっという間に月々の支払いも滞るようになりました。家でダラダラと過ごしているところに奥さんが帰ってきては口論に発展するなんてことも増え、夫婦関係も悪化していきました。

「ゆでガエル現象」を知っている人も多いことでしょう。煮えたぎった鍋にカエルを入れようとすると飛び上がって逃げていきますが、冷水が入った鍋に入れ、ゆっくりと火にかけていくと、温度の上昇に気づかずにいずれゆで上がってしまう。危機的状況が近づいているにもかかわらず、「まだ大丈夫」と自分を騙し騙ししているうちに破滅に向かうという警句です。

このときの兄は、まさにゆでガエルになろうとしていました。

いつまで望まぬ人生を送りつづけるつもりか
†自分の負債を直視できるか?


誰でも小さなころはワクワクするような夢を持っていたはずです。

宇宙飛行士になりたい、科学者になりたい、小説家になりたい、ハリウッドスターになりたい、歌手になりたい、プロサッカー選手になりたい……。

ところが、やがて小学校高学年になり、中学生にもなると、それまでの経験や見聞きしたこと、誰かに言われたことなどから、徐々に自分にはそんなことはできないのではないかと思いはじめるようになります。自分は宇宙飛行士や科学者になるほど頭がよくない、ハリウッドスターになれるほど器量がよくないし、学校のチアリーダーのメンバーにさえなれない、サッカーの才能がない……。

そうした自分を制限するような思い込みを持つようになると、多くの人は夢をあきらめ、より現実的な目標を立てるようになります。

もちろん、現実的な目標だって尊いものです。仮に当初の壮大な目標を達成できなかったとしても、実際に行動したことで新しい道を発見することだってあるのです。その道を通ることによって、ハリウッドスターを目指していた人がスタイリストになったり、プロデューサーになって成功することだってあるのです。

とにもかくにも、あきらめなければ子どものころに描いた夢にだって近づくことができるのです。

しかし、簡単にあきらめてしまったら、気がついたときには子どものころには絶対に望まなかったような人生を送ることになります。そうした人たちは、「いつかやればいいや」「まだ自分は本気を出していないだけだ」と言い訳を繰り返してきたのです。

そして、人生における大きな負債を抱えるようになります。借金、お金の不安、最低限の生活、肥満、生活習慣病、腰痛、孤独、離婚、人間関係の問題、万年平社員、やりがいのない生活……。ふとした瞬間にこうした状況を振り返り、愕然《がくぜん》とするわけです。

「ああ、私は人生を間違ったんじゃないか？　とんでもない勘違いをして生きてきたのではないか？」

そのあと、自らの言い訳によって招いたこの状況をどうするか？

行動のスイッチを押しきれない彼らは「私より悪い状態の人なんてゴマンといる。まあ、それほど悪いわけじゃない」と、現実をありのままに見ることを拒否するのです。あまりにも問題を抱えすぎていて、頭が麻痺《まひ》というか考えることを拒否し、痛いはずなのに痛さに慣れすぎて大して痛くないという笑えない境地にたどり着くわけです。ゆでガエル現象です。

あなたはこんな人生を望みますか？

行動しないと悪運を引き寄せる

「いやいや、自分は運が悪かっただけなんだ」と言い訳する人もいるでしょう。

しかし、その悪運を招いた原因は何だったのかを考えてみてください。本当は今すぐ対処しなければならないことがあったのに、将来のためにやるべきことを知っていたはずなのに、結局先延ばしし、何も行動しなかったことのツケが今にきているのです。

幸運は待っていたってやってきません。行動した者にのみやってくるのです。反対に、悪運は行動しないという選択肢を選びつづけたことで、縫うように引き寄せてしまったものなのです。

現実に抱えている不満を解消させるなら、今しかありません。今すぐ行動する、自分を変えることで、状況を一変させなければなりません。

あなた自身は今までの人生の中で、どんなことを先送りにしてきたのでしょうか?

そして現在、どのようなことを先送りにしているのでしょう?

長い間、本当はやりたいと思っているのに、ついつい先送りにしてしまっていることはどんなことでしょう?

すぐにやらなければあとでたいへんな思いをすることがわかっているのに、先送りにしてしまっていることとはどんなことでしょう?

少しの間考えてみてください。

第2章から紹介する技術を用いて、これらの問題をぜひ解消していただければと思います。

私はあなたに、決してあなた自身の大切な夢や目標を殺してほしくはないのです。

第2章

今すぐあなたを動かす「痛みと快楽の法則」

痛みと快楽の関係を理解することがすぐやる人に変わるための第一歩

先送りの原因になる痛みと快楽

†痛みと快楽の法則

行動すべきことを先送りするとき、私たちの心の中ではいったい何が起きているのでしょう?

先送りの原因を特定するには、「痛みと快楽の法則」を理解する必要があります。痛みとは何か? 快楽とは何か? を理解することは、あなたの行動を阻む壁を壊し、すぐにゴールに向かって前進するためには絶対に必要なことです。

私たちの行動のすべては、大きく分けると2つのモチベーションで支えられています。

1つは「できる限りの快楽を得るため」のモチベーション。素敵な家が欲しい、異性にモテたい、年収をアップさせたい、おいしいものが食べたい、海外で素敵な休暇を楽しみ

図3　痛みと快楽の法則

たいなどが当てはまります。

お母さんのミルクを欲しがっている小さな赤ちゃんから、ピカピカの新しいスポーツカーを欲しがっている若者まで、私たちは自分に最高の快楽を与えてくれると信じるものを求めているのです。それは素晴らしい結婚生活であったり、海のそばに大邸宅を持つことであったり、世界中を旅することであったりとさまざまです。私たちはみんな、本能的にできる限りの快楽を得たいのです。

もう1つは、「痛みを避けるため」のモチベーション。たとえば、狭い家に住んでいたくない、異性に嫌われたくない、無一文になりたくない、粗末な食事をしたくない、つまらない仕事を繰り返す毎日を変えたいといったものが当てはまります。

生きとし生けるもののほとんどが、肉体的にも精神的にもできるだけ痛みを避けようとします。究極的な痛みを「死」とするならば、誰もがそれを避けようとしていますよね。

私たちは本能的に可能な限りの快楽を得て、可能な限り痛みを回避するという目的を持っているということです（図3）。

痛みと快楽は人それぞれ

私たちが何かをしようとしたり、避けようとしたりするとき、意識している、していないにかかわらず、いつも脳は快楽を得る経験を最大化するために「これは痛みと快楽、どちらを意味しているのだろう？」と判断しようとしています。

つまり、私たちは痛みか快楽のいずれかをきっかけとして行動しているわけです。

たとえば、自宅にいてお腹が減ってきた、けれども家に食べ物がない、という場面を想像してみてください。

ある人は、活動的で健康的なスマートな身体、体型であることに快楽を連想していて、太っていて疲れやすく、見た目にも醜い姿に苦痛を連想していたとしましょう。この人は買い物に出かけて身体によい食材を買ってきて、健康的な食事を用意して食べるという行動を選ぶかもしれません。

一方ある人は、人生は短いからとばかりに、今好きなものを好きなだけ食べること、便利さ、手軽さに快楽を連想し、食事制限、我慢、買い物に出かけたり調理をしたりといったことに苦痛を連想していたとします。するとお腹が減ったらすぐに受話器をとってピザとビールを注文するという行動に移るかもしれません。

このような何気ない日常の一コマでも、私たちはつねに痛みなのか快楽なのかを検討して行動します。

多くの場合、何かを痛みだと解釈すると、意識的にも無意識的にもそれを避けようとします。

あなたが何に痛みを結びつけるかで、あなたが避けるものが決まります。あなたが失敗に対して痛みを感じるなら、あなたは失敗を避けるためにあらゆることを行うでしょう。痛みを結びつけたものは何であっても、あなたは避けようとします。

そして、何かを快楽と解釈すると、それに向かっていこうとします。興奮、喜び、幸福といった感情は、行動への燃えるような願望を生み出す源となります。

あなたの快楽は誰かの痛み?

しかし、痛みと快楽について誤解していただきたくないのは、その行動、出来事自体には意味はないということです。私たちが行動、出来事をどのように解釈し、どのような意味を与えたのかということが重要なのです。

少し難しい表現に感じるかもしれませんね。

たとえば、ある人が「痛み」と解釈したことが、ほかの人にとっては「快楽」を意味するということもあります。喫煙者はタバコを吸うことは「快楽」ですが、それ以外の人にとっては「痛み」でしかありません。南の島でのんびり生きる人生が最高だという人もいれば、まだ見ぬ秘境を求めてあえて困難な崖を登ろうとする冒険心溢れる人もいます。

つまり、あなたにとっての「痛み」は、他人にとっては「快楽」かもしれませんし、その逆もまたありうるということです。

人間の本能的な部分を抜きに考えれば、ほとんどの物事に対する解釈・連想は人それぞれ。だとすれば、この解釈・連想を意識的に変えることだってできるということです。

私たちは、行動そのものではなく、頭の中の想像に痛みを結びつけているのです。

つまり、現実ではなく、私たち一人ひとりが感じる痛み、または快楽の意味付けが行動を左右するのです。

そこに自分自身を動かすためのヒントがあります。

痛みと快楽で考える先送りのメカニズム

では、私たちが先送りをするとき、目の前にあるのは痛みでしょうか？　快楽でしょうか？

それは、本来やるべき行動に痛みを連想し、先延ばしすることに快楽を連想しているのです。

たとえばセールスの仕事をしている人が見込み客に電話をかけるのを躊躇《ちゅうちょ》しているとしましょう。なぜ、彼は躊躇しているのか？　それは電話をかける行為そのものではなく、以前に断られたシーンや、これから断られるシーンを想像し、そのイメージに痛みを感じているからです。

なにも、今すぐ腕立て伏せを１００回やれと言っているわけではありません。電話をかけるという行為自体は、教えれば子どもだってできる簡単なものです。筋肉も痛みません。

ところが、頭の中のイメージに痛みを感じてしまっていたら、行動に移すことは難しくなります。

要は行動に対して、自分がどのようなイメージを持っているかが問題なのです。

第1章で紹介した私の兄のケースですが、彼は背中の痛みを根本的に治すには、ストレッチやエクササイズなどで対処すると効果的だということを情報として知っていました。ところが、この行動を痛みとして連想していました。それよりも、今すぐ手に入るビールやテレビといったものに快楽を連想していたのです。

兄はちょっとテレビを見たあとにやればいいや、と先送りをしつづけた結果、エクササイズに取り組むことはありませんでした。結局、背中の痛みが限界に達するまで何も行動することがなかったのです。

また、病院に行くようになったあとも痛み止めという手軽に痛みを避ける方法に快楽を連想し、やはり必要なエクササイズなど根本的な対処には痛みを連想し、しだいに状況を悪化させていったのです。

私の兄のエピソードが示唆するのは、目の前に転がっている長期的に維持することができない短期的な快楽ばかりに手を伸ばすと、あとで耐え難い痛みがやってくるということです。

前述しましたが、現在の自分に耐え難い不満を感じているとしたら、それは過去の自分が簡単に手に入る快楽を選びつづけた結果——要するに先送りしつづけたツケというわけです。

先送りという快楽は持続できない

心理学者のウォルター・ミシェルによって、1960年代後半から1970年代前半にかけてスタンフォード大学などで行われた「マシュマロ実験」という有名な実験があります。

被験者は4歳の子どもたち。1人ずつ小部屋に呼び、その子の前にマシュマロが1個入ったお皿を置きます。そして「ごめんなさい、ちょっと15分くらいここで待っててね。私が戻ってきたときにまだマシュマロが残っていたら、もう1個あげるからね」などと言って子どもを1人にします。

結果は、およそ3分の2の子どもが我慢しきれずにマシュマロを食べてしまい、残りの3分の1の子どもが我慢してもう1個マシュマロをもらったそうです。

面白いのはここからです。

14年後の追跡調査では、我慢できた子どものグループのほうが学校の成績がよく、さらに40年後の追跡調査でも年収や社会的ステータスにおいて我慢できた子どものグループのほうが高かったそうです。

一概にはいえませんが、短期的な快楽よりも長期的な快楽を選ぶことが、将来的に大きな差を生み出すことを示唆するたいへん貴重なデータです。

先送りというのは、長い目で見ればいつか必ずしっぺ返しがきます。喫煙、ジャンクフードの食べすぎ、お酒の飲みすぎなど、適度であれば問題はないでしょうけれど、それが今後5年、10年、もしくは20年もの間やめられないままだと、必ず後悔するときが来ます。多くの人が一度は喜びをもたらした先送りという快楽がいつまでも続くものと無意識に願い、その先にある痛みをリアルに考えようとしません。

目の前に転がっている快楽は一時的なものがほとんどであり、それを続けると悪習慣になります。長期的に快楽を持続させることはできないのです。

それでは、何が長期的に快楽をもたらすことができるのでしょう？　次節でその答えを探ってみましょう。

痛みと快楽に翻弄される側からコントロールする側へ

痛みと快楽に振り回されないために

アメリカのビジネス哲学の第一人者であるジム・ローンはかつてこう言いました。

「すべての成功の基盤は自己規律である。すべての規律ある努力に対しては何倍もの報酬がある。そして、〝自己規律を守る痛み〟か〝後悔の痛み〟のどちらかが必ず存在する。ただし、自己規律を守ることの重みは数グラムであるのに対して、後悔の痛みは数トンである」

成功において自己規律がどれほど重要かわかっているなら、どうしてより多くの人が自己規律を守らないのでしょう？

その答えを見つけることで、自分自身をゴールに向かって動機づける秘訣を理解できるでしょう。動機づける能力とは、痛みと快楽にコントロールされるのではなく、痛みと快楽をコントロールする能力のことなのです。痛みと快楽にコントロールされるとは、たとえばダイエットすることに痛みを感じ、甘いものに快楽を感じてしまうことです。

ただ理解していただきたいのは、決して「痛み」は悪者ではないということです。毎日ジョギングをしている人は、出張や風邪で数日休んでしまうと、そのことに痛みを感じてしまいます。身体が早く走りたいとムズムズしているような感覚になります。こうした痛みが起こることで、ジョギングという健康的な習慣が維持できるというわけです。車に轢《ひ》かれたくないから赤信号を無視しないというのも同じ理屈です。

痛みと快楽はコインのように表裏一体。どちらを表にし、どちらを裏にするか。そのように意識的に考えることが、痛みと快楽にコントロールされない、そして自らコントロールをするための第一歩となります。

痛みと快楽をコントロールするといってもまだ漠然と聞こえていることでしょう。ですので、痛みと快楽というそれぞれの感情的ニーズを満たすさまざまな選択肢に目を向けて整理してみます。

どうして人はあの特定の行動を選ぶのか？

それは3つの分野に分類して説明することができます。

分類1：今、気分がいいけれど、長期的に見ればよくない行動。
分類2：今、気分がよくないけれど、長期的に見ればよい行動。
分類3：今、気分がよく、長期的に見てもよい行動。

しばらくの間、すべての人がその瞬間になんらかの形で快楽を得ることはできます。しかし、私たちがゴールに向かって行動するために大切なのは「生涯にわたる幸福と成功のために、この習慣に取り組むことができるか」を判断し、決断することです。

刹那的な快楽を求める行動の秘密　†分類1

一般的に成功していない人の多くは、分類1（今、気分がいいけれど、長期的に見ればよくない行動）に当てはまる行いをしています。その瞬間は気分がよくなるけれど、長期的に見ると健康や経済的によくないことをしています。お酒を飲みすぎたり、身体にいいといえないものを食べすぎたり、自己破滅的行為を繰り返しています。

彼らの頭には1つのゴールがあります。それは今感じられる快楽を最大にするということとです。

しかし、10年、20年、30年後には、その日暮らしをし、痛みに苦しみ、打ちのめされていることが多いのです。最悪の場合、麻薬中毒やアルコール中毒になったり、生きるために政府や慈善団体の保護を受けることになる人もいるかもしれません。

彼らは成長意欲や勤労意欲、規律を持ち合わせていません。そしてタチが悪いことに、自分のことを犠牲者と考え、この結果をもたらした原因を自分ではなく、経済やその他のリソース不足のせいにするのです。

とはいえ、そこまで事態が深刻でないから自分は大丈夫だと思うのは早すぎます。もしかすると分類1から抜け出せずにいる人の中には、職に就いているけれど給料をもらうために最低限のことしかせず、少し肥満体型の人もいるかもしれません。

表面上は、それほど悪くは見えませんが、心の奥では明らかに自分が幸せではないとわかっていて、もっと規律正しくすれば、今よりもはるかによい生活を手に入れることができることを知っているのです。

彼らは、長期的には痛みをともなう結果を生む破壊的悪習慣を身につけています。それは人間関係のトラブル、キャリアの低迷、身体的疾患、経済的問題、離婚、鬱、肥満、孤独などにつながることがあります。

自分自身の行いや習慣によってもたらされた耐え難いつらい結果を経験し、もうこれ以上痛みを感じたくないという状態に達したときに、人はようやく自分の行いを変えて規律を守りはじめるようになります。しかし、そうなってからではもう手遅れ、という事態もありうることは想像に難くないのではないでしょうか。

あえて痛みを受け入れた行動の秘密 †分類2

痛みを避けるための欲求から規律を守ろうとすると、分類2の行動（今、気分がよくないけれど、長期的に見ればいい行動）をしていることになります。

間違いなく分類1（今、気分がいいけれど、長期的に見ればよくない行動）の考え方より優れています。

しかし、ある程度は快適領域（90ページ参照）が広がることで習慣化していき、しばらくの間は痛みに耐えられるものの、結果的にはいつも最初の痛みをもたらしたもとの破滅的な悪習慣に戻ってしまうのがよくあるパターンです。

もし痛みがあなたにモチベーションを与えているのであれば、あなたのモチベーションは持続的ではありません。痛みがなくなるとすぐにモチベーションも失せるからです。

これはどういうことか、段階的に見てみましょう。

①痛みが自分に行動を起こす気にさせ、分類2の行いに移ります。その行動自体は短期的には気分はよくないけれど将来的にはいいものです。我慢して行動を続けた結果、②へ進みます。

②行動を起こせば起こすほど、痛みを取り除く解決の方向へ進んでいきます。そして日常化し、行動に対する不快適さが少なくなってくると、次は③へと進みます。

③行動に対する痛みが大幅に軽減された、もしくは完全に消えてしまった。しかし、まだ快適と感じる段階へは至らないため、ちょっとした気の緩みをきっかけとしてもとの痛みを引き起こした古い破滅的な悪習慣に戻ってしまう。

つまり、行動に移してはやめることを何度も繰り返してもとの問題に戻っていくという悪循環になります。

自分が以前と比べてかなり太っていることをわかっていながらも、ダイエットや運動などの行動に痛みを連想し、先送りしていた人がいたとします。

鏡に映る自分を見て、変わり果てた不恰好な姿にがっかりし、痛みを感じます。しかし、「まあ、このくらいなら……」と自分を騙し騙し痛みを無視しました。

数日後、久しぶりに会った友人に、太ったこと、その姿が老けて見えることなどを指摘されました。すると、さらに強い痛みを感じますが、まだ現実と痛みから目を背け、感じないふりをしつづけます。

しかし、わずかな期間のうちに、同様のことをさらに数人の友人・知人、加えて好意を寄せている素敵な異性からも言われ、とうとう耐え難いほどの強い痛みを感じ、痩《や》せることを決意します。

この段階では太っているということの痛みが、ダイエット、運動への痛みを上回るのです。そしてイヤイヤながらもダイエットや運動をはじめます。ダイエットや運動をはじめて、少し成果が出てくると、今度は会う人に「おっ、痩せたんじゃないか」と言われるようになります。そして、めでたしめでたし……となるかというと、そんなに甘くはありません。

今度は、太っているということの痛みは少し和らいできます。

すると、がんばっているんだから少しくらい気を緩めてもいいんじゃないかと、むしろモチベーションが下がり、ダイエットや運動をサボることを正当化しはじめます。「喉元《のどもと》過ぎれば熱さを忘れる」というわけです。ダイエットや運動することの痛みが、再び太っているということの痛みを逆転します。

モチベーションとともに行動の量も減り、しだいにもとの食生活、生活習慣に戻っていき、体重はまた増加していくことになるのです。

このようにリバウンドを繰り返してしまう人も少なくありません。そして、もちろんこれは体重に限った話ではありません。

痛みを受け入れたモチベーションは続かない

受験勉強に痛みを感じていたとしても、何とかあこがれの志望校に入るため、また周囲の期待を裏切らないために寝る間も惜しんで努力したとしましょう。

毎日早朝に起きて朝食までの2時間勉強し、学校に行って授業を受け、放課後は学習塾へ直行、帰宅したら風呂と食事をさっさとすませて深夜までまた勉強……。月曜日から金曜日はつねに同じスケジュールで生活します。完全に習慣化されてはいますが、やっていて楽しくない。大して興味はなくても受験科目だからという理由で数学や物理を勉強しているから、問題が解けても達成感がないし、知識欲が満たされるような快感もありません。

これが痛みを受け入れている状態です。しかし、痛みには勝てません（図4）。コーヒーやエナジードリンクをいくら飲んでも、結局は人間、誰しも睡魔の誘惑には必ず負けるのと同じです。

自分の未来のために必要なことだと頭ではわかっていても、このままでは目の前の早起き、勉強という苦痛のほうが勝ってしまい、なんだかんだと正当化してこの痛みから逃れるべく先送りをしてしまうかもしれません。

結果、この習慣がつづけばいいのですが、学校のテストや模擬試験で望んだ結果が得られないと、ひどく落胆するのはもちろん、自分の能力を必要以上に低く見積もったり、他人のせいにしたりします。そして最悪の場合はあきらめてしまうのです。

日本人はとても勤勉だというのは世界的に有名ですね。日本のビジネスパートナーに聞いたところによると、驚くことにがんばって残業をしている人を評価する風潮さえあると。痛みに耐えれば結果が出ると信じているのでしょうか？

しかし、もし残業もせずに要領よく仕事をこなす同僚が大きな仕事を達成したとしたら、彼らはどう思うでしょう。

「ろくに仕事もせずに、おいしいところばかり持っていきやがって」

図４　３つの分類で見た痛みと快楽の持続イメージ

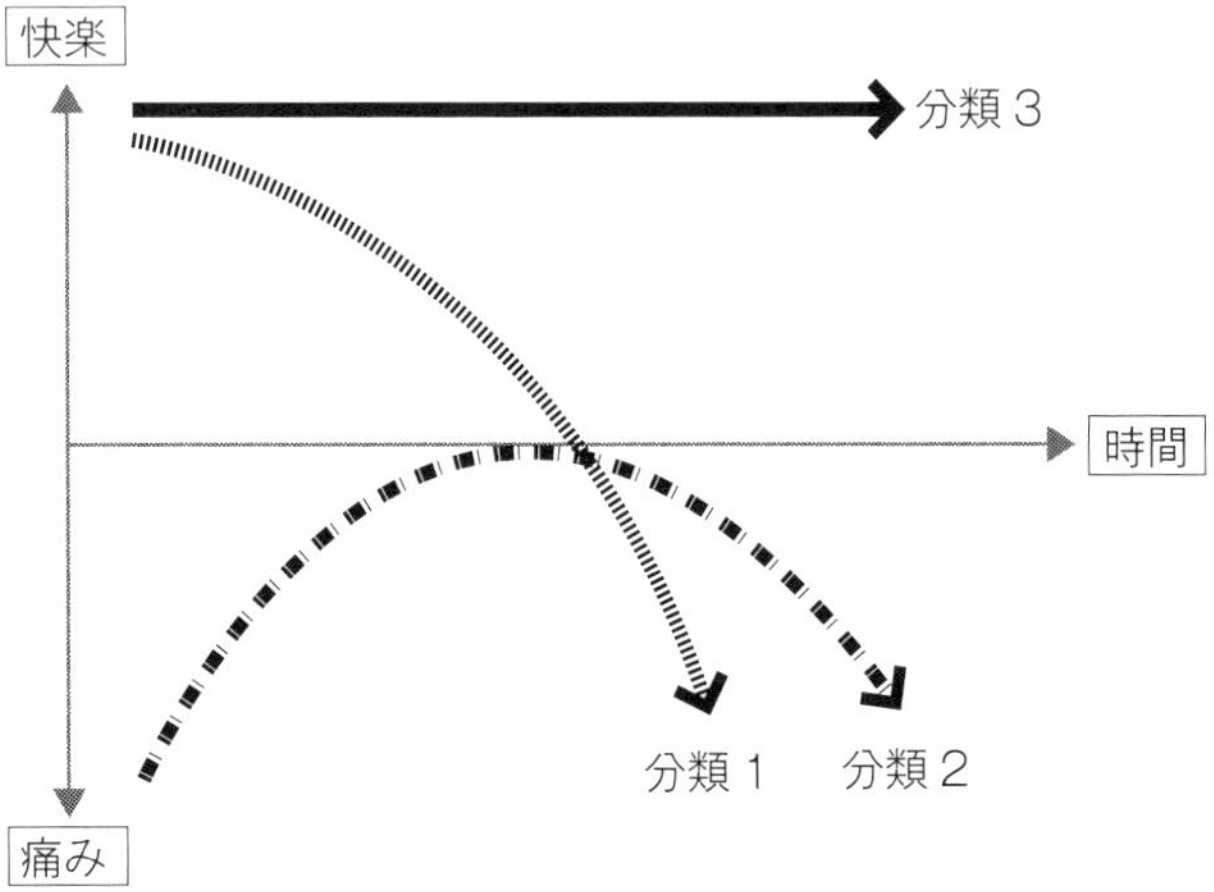

「俺の努力はいったいなんだったのか……」

と、恨みや自己卑下につながることもあるかもしれません。

非常に多くの人が「痛みなくして得るものなし」という考え方を信じています。それには多少の真実も含まれてはいますが、痛みを痛みのまままとして受け入れたモチベーションのほとんどは持続できるものではないのです。行動そのものが楽しくないから、いつまでも長続きしません。結果的にモチベーションもなくなってしまうのです。

痛みは人生の継続的な成功と幸せを与えてはくれないのです。

短期的にも長期的にも快楽を感じる行動の秘密 ╋分類3

長期的成功習慣を生み出す唯一の効果的な行いは分類3（今、気分がよく、長期的に見てもよい行動）にあるのです。分類3は現在進行形の快楽と、未来への長期的な快楽をもたらすよい行いです。

分類3の行動を起こすのは規律を守る過程を楽しもうとする人です。先の受験勉強の例でいえば、勉強することに自己成長を感じ、将来の夢に通じると考えて勉強しているような人です。彼らは受験勉強という過程そのものに快楽を覚えているのです。

すなわち、その本質は成功習慣を形成すること自体を快楽としていることです。彼らは長期的ゴールにフォーカスし、何に快楽を結びつけるかコントロールする方法を学んだ人です。

では、どうすれば規律を守ることと快楽とを結びつけることができるのでしょうか？　そもそもそんなこと、本当にできるのでしょうか？　次節で明らかにしていきたいと思います。

あなたの痛みを快楽に結びつける方法

あなたがすべきことに快楽を結びつけろ

スクラントン大学の心理学に関する報告書「Journal of Clinical Psychology」に記されていた調査報告によると、アメリカ人の45%が新年の抱負を決め、そのうちたった8%の人しか達成できなかったそうです。今のあなたならその理由がわかっているはずです。つまり痛みと快楽をコントロールする方法をマスターしていなかったからです。その反対に、痛みと快楽にコントロールされていたのです。

行動を痛みに結びつけてしまうと、先送りにつながってしまいます。日々の痛みと向き合おうとすれば、目の前にある課題に我慢できないほどの痛みを結びつけるため、しばらくするとあきらめてしまうのです。

したがって、目の前の課題に取り組むという行動と快楽を結びつける神経回路を新しくつくらなければなりません。それができたなら、あなたは即行動、つねに行動、そして成功するまで行動しつづけるようになるのです。

つまり、行動に対する意味付けが私たちの成功にとって極めて重要であり、失敗には即座に感じる大きな痛みを結びつけ、行動には即座に感じる大きな快楽を結びつける必要があるのです。

もし、大きな痛みと失敗を結びつけたら、なんとしても痛みを避けようとする行動を選ぶでしょう。もし、大きな喜びをゴール達成と結びつけたら、先送りするのではなく、行動するための十分なモチベーションを得ることができるでしょう。

このように、行動へ対する痛みと快楽の意味付けを逆にすることで、私たちはつねに前向きな行動を選ぶことができるのです。

しかし、そんなことが本当にできるのでしょうか？

痛みを一瞬で快楽に変換する方法
†ドッグフードの質問

私は痛みと快楽というコンセプトを理解していただくために、セミナーの参加者の方によくこんな質問をします。あなたも質問に答えながら読み進めてください。

「ここにドッグフードがあります。1000円差し上げたらこのドッグフードを食べる、という方はどれくらいいますか？」

ほとんどの場合、この時点ではパラパラと手をあげる人がいる程度です。

「あまりいないですね。では、金額を変更しましょう。1万円差し上げたとしたらこのドッグフードを食べるという方は？」

手をあげる人は増えますが、まだ少数です。

「では、100万円ではどうでしょう？　もしかするとまだ足りないという方もいるかもしれません。1000万円ならどうでしょう？　1000万円ならこのドッグフードを食べるという方は？」

そして私は質問を続けます。

「あなたの夢や願望はなんですか？　もし1000万円を手に入れることで自分の夢や願望の実現の助けとなるのであれば食べますか？　1000万円というと人によっては年収以上の金額です。このドッグフードを食べるだけで、1000万円があなたのものになるのです。このお金でできることを考えてみてください。欲しかったものも買えるでしょうし、新しいビジネスをスタートさせる資金にすることもできます。自分の教育に投資することもできますし、優雅な旅行を楽しむことだってできます」

ここまで来て、まだ私の提案に「イヤだ」と答えるのなら、大きなお金を手にすることと快楽を結びつける以上に、ドッグフードを食べるということに苦痛を結びつけていることになります。

ここで問われているのは、ドッグフードを食べることをどのように解釈して、意味付けをしているかということです。ドッグフードを食べることを快楽だと感じられれば、食べるという行動を選ぶでしょう。しかし、ドッグフードを食べることが痛みを意味するのであれば、食べることはないでしょう。

ここまでで多くの人は手をあげますが、まだ手をあげない人がいます。

「では、1億円ではどうでしょう？　1億円でできることを考えてください。かなりのことが実現できると思います。1億円ならドッグフードを食べますか？」

私の経験では、これでも手をあげない人がいます。その人にとってはお金が大きな要因とはならないのです。

それでは、少し違った提案に変えてみましょう。

「もし、あなたがこのドッグフードを食べることで世界中の争いがなくなり、平和が訪れるとしたらどうでしょう？　それならドッグフードを食べるでしょうか？」

ちなみに、２０１３年に世界で発生したテロ攻撃による死者数は1万８０００人にもなるそうです（Institute for Economics and Peace）。そしてこの数は、年々上昇傾向にあるといいます。

そのような事実、データについてもお知らせしながら、再度質問を重ねます。

「あなたがドッグフードを食べることでこの1万８０００人の命が救えるとしたらどうでしょう。こうした争いの犠牲になる人の命を救うためだとしたら、あなたはドッグフードを食べますか？」

1億円でも食べないと言っていた人でも、ほとんどの人が食べると答えます。

さて、この一連の「ドッグフード」の質問で見えたものがあるはずです。

すなわち、もし何かをやるために必要かつ十分に大きな理由があればあなたは「やる」のです。たとえ1億円でもやらないと言っていた人も、大きな理由があれば瞬時にして「やる」と言うのです。

なぜなら、ドッグフードを食べるという行動の意味が痛みから快楽へと変わったからです。十分に大きな理由がドッグフードを食べるという行動を価値あるものへと変えたのです。

具体的なゴールが快楽を呼ぶ

†痛みを快楽に変換する方法①

前項で示した例は極論であることは認めます。

とはいえこの例は、人間が即行動するために必要な本質的な要素を示してくれました。その1つが、ワクワクするような長期的ゴールを持つことです。魅力的な長期的ゴール――先の例でいえば世界平和――があれば、イヤなことから逃げること（という刹那的な快楽）を選ばずに、未来のために行動するモチベーションが生まれます。

脳は、短期的（瞬間を楽しむ）、あるいは長期的（過程を楽しむ、持続可能な幸福）な快楽を与えてくれるものに近づこうとします。後者の快楽を追いかけられないと、いつも短期的な快楽の誘惑に負けてしまいます。

１０００人以上の人をコーチングしてきた私の経験からすると、大抵のクライアントはゴールを設定するとき、「もっとお金を稼ぎたい」「痩せたい」「恋人が欲しい」などと一般化（大まかに）するのです。

大まかにしすぎることの問題は、いつゴールを達成したのか、もしくはゴールに向かって進んでいるのか自分で確証が持てないことです。それでは、長期的な快楽の特徴である

〝過程〟を楽しむことができません。

なので、私がコーチングをするにあたって最初にみなさんにこのように伝えています。「ゴールを設定する際に、具体的すぎるということは絶対にないのです。今現在の自分とゴールの間にあるギャップを認識することが重要です」

本当にゴールへ向かっているのかどうか認識できないのは暗闇を歩いているようなもの。徐々に目標に近づいているという実感が、私たちの背中を押してくれます。

私のコーチングセッションを受けたある不動産投資家の方は、「もっとお金を稼ぎたい」と言いました。

私が「具体的に月々どれくらいの金額を稼ぎたいのでしょう？」と質問すると、彼は「月5万ドルです」と答えました。さらに私は「それは税引き後純利益か総収入のどちらでしょう？」と尋ねました。彼は、「総収入です」と言いました。

「そこからどれだけの純利益をあげたいですか？」

「私は80％のマージンを得ているので、月に4万ドルはあげたいです」

「今現在、月にどれほどの純利益をあげていますか？」

「月の純利益が2万ドルです」

「このゴールをいつまでに達成したいですか？」

「3カ月後です」

これらの質問をし終えたときには、彼のゴールは当初の「もっとお金を稼ぎたい」とはまったく違ったものに見えたのです。

彼のゴールは「2010年の3月31日までに月2万ドルの純利益（2010年1月1日の時点）から、月4万ドルの純利益にする」となったのです。

セルフコーチングしながらゴールを設定するときに聞くべき最も重要な質問の1つが、「自分がゴールを達成したと実感できるのはどんな状況になったときか」です。

視覚的、聴覚的、身体感覚（感情）等、ゴールを達成したとわかる感覚に基づいた証拠を見つけるのです。

ここであなたに質問があります。

「ゴールを達成したときに何が見えますか？　何が聞こえますか？　何を感じますか？」

ゴールへのビジョンを明確にすることでワクワク感が生まれ、そこに向かっていくことに長期的な快楽も得られるようになるのです。

ただ、目標設定というのはもっと奥深いものであることを、ここでは覚えておいてください。ゴールの具体化というのは、何も数字で示せるものだけではないからです。たとえば「ワクワク感」だってそうです。詳しくは第3章および第5章で説明します。

自己規律によって快適領域を広げていく

†痛みを快楽に変換する方法②

そして2つ目の方法が自己規律です。

喜びを遅らせる能力、つまり長期的快楽を得るために短期的な犠牲を払うことのできる能力が成功への秘訣であると、私たちは全員わかっています。

筋肉質の身体をつくることを考えてみましょう。そのためには、もうこれ以上は動けないぐらいの負荷を肉体にかけてウエイトトレーニングをするという日々の規律を守る必要があります。そうすることで筋肉の発達を促すのです。

筋肉が耐えうる限界までウエイトトレーニングをすると、短期的には不快感を覚えるのですが、長期的に運動をする習慣がつくられるとその報酬は何倍にもなって返ってきます。

成功を収めた人は、快楽を遅らせることに長けており、自己規律を守れる人です。彼らは長期的な成功を収めるために必要な日々の行動、そして、短期的な快楽を放棄するのに必要とされる日々の行動を継続的にすることによって自身が何よりも求めるゴールを達成するのです。

しかし、受け入れることができる短期的な不快感、不快適さにも個人差や段階がありま

図5　時間の経過で見た快適領域のイメージ

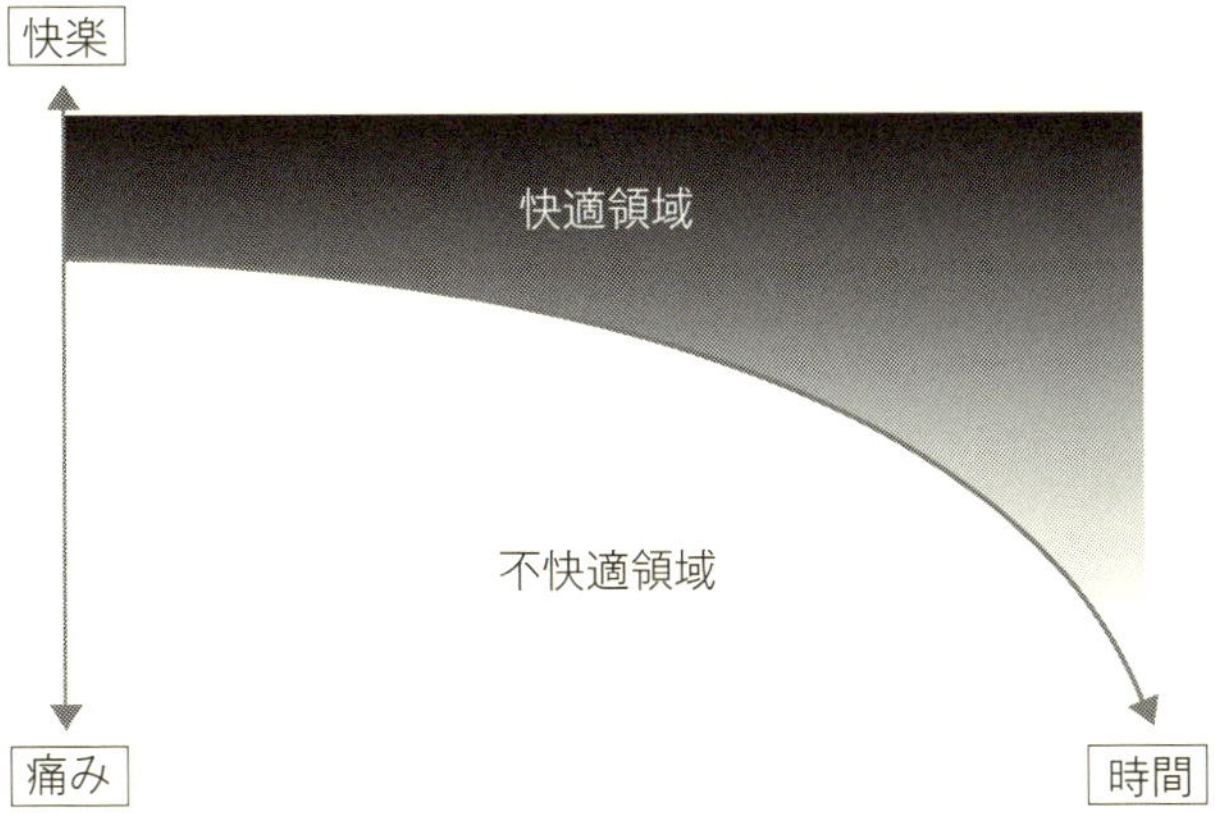

規律を守る過程を楽しむ分類3の行動に当てはまる。

す。いきなり自分が快適と感じることができる領域を大きく越えて不快なことに挑戦すると、その行動が習慣になる前にやめてしまいます。習慣にならなければ、本来得たかった結果を手にすることはできません。

　ですからまずは無理のない範囲で快適な領域を出て自分に負荷をかけ、それに慣れたらさらに快適な領域を出て、また自分に新しい負荷をかける。これを繰り返していけばいいのです。

　少しずつ自分に負荷をかけ、段階的にその負荷を大きくしていくことで、自分の快適領域を広げていくのです（図5）。

習慣として取り組み、気がついたときにはすっかり快適領域は広がっていて、以前は受け入れることができなかった不快な行動も、簡単に受け入れることができるようになっているでしょう。

第2章を通じてあなたに覚えておいていただきたい唯一のことは、卓越した人生を送る秘訣は、「どれだけ不快なことを快適に受け入れることができるか」ということです。

第3章

私たちを足踏みさせる思い込みを壊せ

あなたを足止めさせてしまうリミティング・ビリーフとは何か？

一歩を踏み出せるかはビリーフにかかっている
†リミティング・ビリーフ

あなたが第一歩を踏み出せずにいるとき、あなたのその足にしがみついているものはいったい何なのでしょう？

答えはビリーフです。

ビリーフとは、信念であり、確信の度合いの高い思い込みのことです。このビリーフが、目の前の行動が自分にとって快楽を意味するのか、痛みを意味するのかを無意識のうちに決定づけるのです。

もし自分にはほんの少ししか可能性がないと信じ、小さなゴールしか設定しないと、その人は自分が可能と考える範囲でしかゴールを達成することができません。当然、最初に

図6　ビリーフ（信念）とは何か？

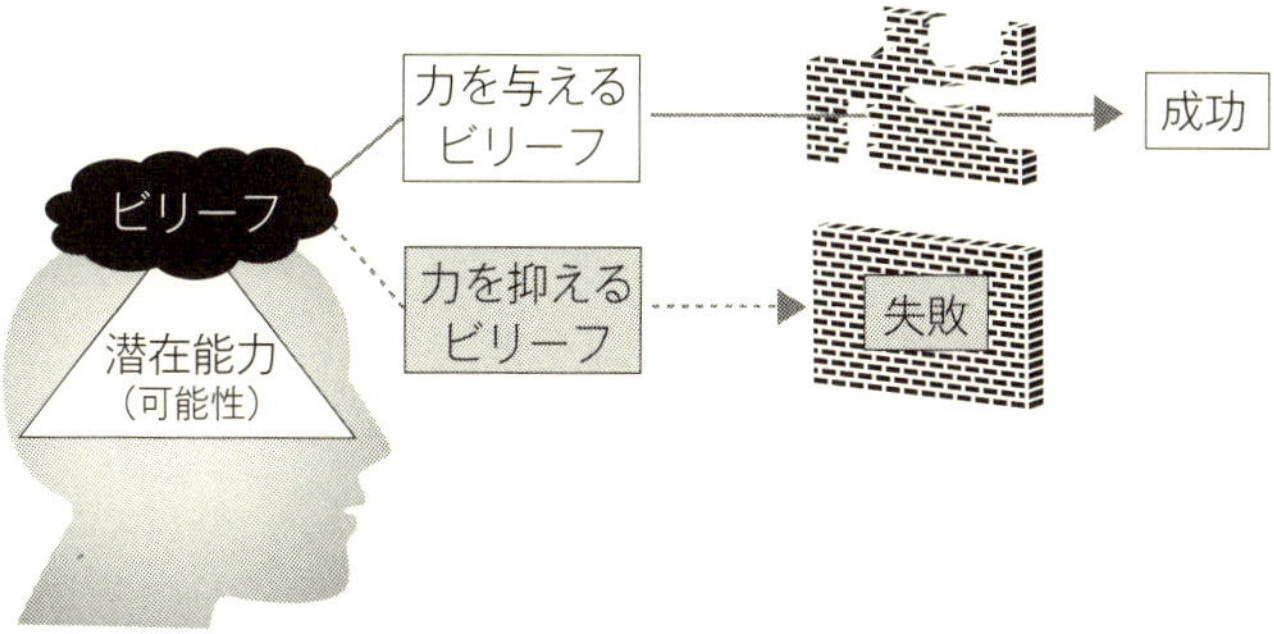

踏み出す一歩も小さいものになります。「もう自分はこのままでいいや。現状維持できるだけでもありがたいことだ」などと考えてしまうと、一歩も踏み出さない、つまりは何も行動しないという結果につながります。

ビリーフは潜在能力よりも上位に位置しています（図6）。ですので、ビリーフが潜在能力を抑えつけるものか、そうでないかがとても重要になります。潜在能力を可能性という言葉に置き換えたほうがわかりやすいでしょうか。

人間は自分が達成できると信じるものを基準にゴールを設定します。

例をあげて説明しましょう。

私は18歳のとき、ネットワークビジネスに関わりました。その会社の人から『大きく考えることの魔術』（ダビッド・J・シュワルツ・著）という本を読むようにすすめられました。

私はその本を読んだことで刺激を受け、ネットワークビジネスで億万長者になるという大きなゴールを設定しました。もしかすると達成できるのではないかと思い、たいへんワクワクしたのです。

私たちのゴールの大きさは自分が達成できると信じているものによって決まります。どれだけ私たちが可能性を信じられるかで、私たちの歩幅が決まるのです。

億万長者になるゴールを設定したとき、私には大きな可能性があると本当に信じ、猛ダッシュしました。

１９０２年に書かれた『原因と結果の法則』の中で、ジェームズ・アレンは「すべての行動と感情は思考によって起こる」と主張しています。私たちの現実をつくり上げているのは自分の思考であって、その思考によってどれくらいの可能性を使うかが決められているのです。

ナポレオン・ヒルは『思考は現実化する』の中で、「人の心が思い描き信じられることは、すべて実現可能である」と述べています。

このような原理原則の意図することを考えてみましょう。

つまり、ビリーフとはすべての達成の根源なのです。だからこそ、フォード・モーターの創始者ヘンリー・フォードは、「あなたができると思っても、できないと思っても、それはどちらも正しい」と言ったのです。

自分自身を矮小化してしまう愚かな思い込み

18歳のとき、できる限り多くの人を自分のネットワークグループに勧誘しようと一生懸命働いた結果、15人の勧誘に成功し、私のグループに招き入れました。毎月数百ドルのコミッションが約束されました。

当時はトップの成績を出している人がモチベーショナルスピーチを行っている会合に足繁く通い、刺激を受け、興奮した状態で会場をあとにしたものです。

しかしながら、私の成功は長続きしませんでした。

グループの人たちは、少しでも障害が出てくると言い訳をしたりしてすぐに行動することをやめてしまったのです。当時の私はこうした状態の人に影響を与えることはできませんでした。結局、私が支援していた15人の中の多くが脱退し、グループはバラバラになってしまいました。私はコミッションをもらえなくなり、新規の仲間も私の組織に加入しなかったのです。

私は負け犬のように感じました。自分の結果に失望し、ネットワークビジネスは私には難しすぎると感じて、すぐにやめてしまいました。

「この業界で成功するのは難しすぎるんだ」「私は力不足なんだ」「私には対人スキルがないんだ」と自分自身に言い聞かせました。

その結果、私は小さなゴールを設定しはじめました。そのゴールは決してワクワクするものではありませんでしたが、こんな自分でも達成できるだろうと思うゴールだったのです。

このような思考は、すぐに自分の中に限界をつくり出し、ネットワークビジネスで成功しようとすることに痛みを結びつける原因となりました。それは、下降スパイラルのはじまりだったのです。

たった1回の失敗で生まれるリミティング・ビリーフ

一度失敗を経験すると、人はその失敗という出来事が自分にとってどういう意味があったのかを分析しようとします。そして自分自身を出来損ないであると解釈したり、力不足だと考えることによって、自尊心を傷つけることになります。

図7　リミティング・ビリーフのイメージ

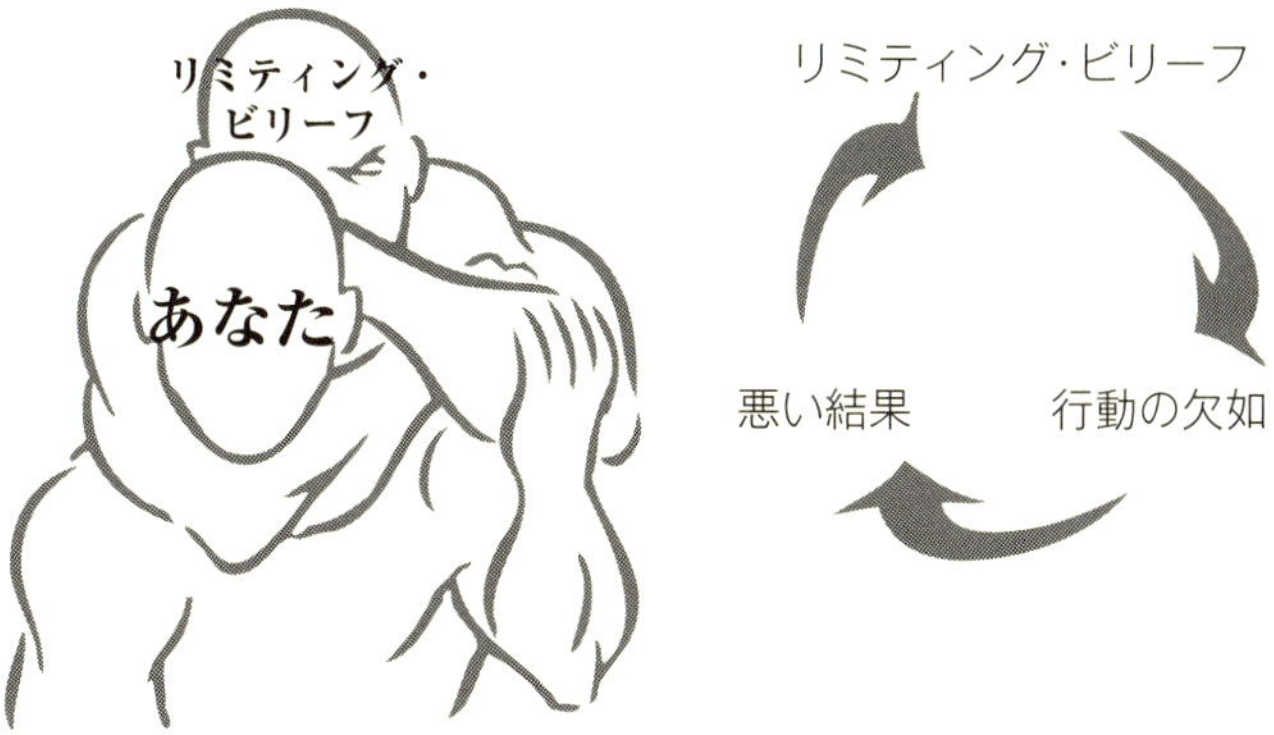

自尊心は人間の持つ最も重要な資産です。なぜなら、私たちが設定するゴールは、すべて自分が達成できると信じたアイデンティティ（自己概念）から生まれるからです。

失敗したとき、私はその出来事を「私は人付き合いが下手なんだ」と解釈しました。人が「私は」という言葉を使うときは、いつもアイデンティティを表現しています。自分の持つ自分に対する評価を説明しているのです。

大きな出来事が起こり、「自分は十分ではない」と解釈すると、私たちの自尊心は低下します。自尊心の低下によって私たちの潜在能力は著しく制限されます。

そして、ネガティブなアイデンティティの持ち主にとって、大きく考えることは非常に難しいことになります。「私はそんなタイプの人間ではない、どうせできない」とか、「私は怠け者なんだ」などと頭の中で反芻《はんすう》します。

私が感じた敗北感のように自らの可能性を閉じてしまうようなビリーフを、私はリミティング・ビリーフ（自分を制限する思い込み）と呼んでいます。

しかし、みなさんに心していただきたいのは、すべてのリミティング・ビリーフは真実ではなく、現実を正確に反映していないということです。何かをできないとあなたに思わせる信念はどれもリミティング・ビリーフで、あなたの可能性を制限してしまいます（図7）。

では、どうすればいいか？

このリミティング・ビリーフを、力を与えてくれるビリーフに書き換える必要があります。

リミティング・ビリーフを特定せよ

さて、私たちは無数のビリーフを持っています。

ビリーフは私たちが視覚、聴覚、身体感覚を使って経験したことを解釈し、それを言葉にしたものです。

前章で紹介した「痛みと快楽の法則」で、これは痛みか？　快楽か？　と考え、選択するときにはたらくのがビリーフです。そして、時にそれはリミティング・ビリーフとなって私たちの行動を妨げます。ビリーフとは、何を避けて、何に向かっていけばいいのかを知らせてくれるプログラムなのです。

私はあらゆるブレイクスルー（問題の突破口）は100％ビリーフにあると信じています。すべてのビリーフは、なんらかの結果をもたらします。ビリーフを変えれば、結果が変わるのです。

ビリーフは無数にあるのですが、ここでは大まかに4つの要素にカテゴライズしてみましょう。

◎可能性。
◎アイデンティティ。
◎価値観。
◎ルール。

この中に、あなたの背中を押すビリーフもあれば、たった一歩でさえ妨害するリミティング・ビリーフもあるかもしれません。

次節から、それぞれのビリーフの特徴をつかみ、使い方・壊し方を解説していきます。

あなたの歩幅を小さくしていたビリーフ

――「可能性」の確信度を高める

大きなゴールが歩幅を大きくする

私たちは意識的にも無意識的にも、自分に何ができて、何ができないのか、という確信の度合いが高い思い込みを持っています。

これこそ、私たちが持っている可能性のビリーフであり、私たちはこのビリーフに基づいて何かを考え、行動しています。

もし、自分にはこのゴールをまだ達成することができない、実現することはしばらくは無理だと感じていたら、私たちは必要な行動をとることをせず、先送りをしてしまいます。

無理だと思わないまでも、あまりにゴール達成への確信が低すぎても同じようなことが起こります。確信が低いことで、実際に行動に移さなくなり、行動に移さなければ当然よい結果を得ることはありません。そしてよくない結果を得ることで、さらに自分に対する確信が少なくなり、悪循環がはじまります。

このように実現を不可能だと思っているとき、または実現の可能性をほとんど信じていないとき、もう一度ゴールを見直してみる必要があります。

小さなゴールと大きなゴール

人間はどれほどの可能性を秘めているのでしょう？

多くの人は「無限の可能性」と答えるでしょう。しかし、その「無限の可能性」を自分の人生に活かしきれている人が多いか、というと程遠いのではないでしょうか？

「THE SCIENTIFIC AMERICAN MAGAZINE」に「人は脳の10％しか使っていないのか？」という質問からはじまる記事がありました。

また、哲学者・心理学者のウィリアム・ジェームズは、「私たちは自分の持つメンタルと身体的資源のごくわずかしか活用していない」と「The Energies of Men」で主張しました。

しかし、人が小さなゴールを設定する理由は、大きなゴールよりも現実味があるからです。大きなゴールには多くの疑念と不確実感がつきものです。人が大きなゴールに「不確実感」を結びつけるのは普通のことです。不確実感とは痛みの一種であり、人は痛みを避けたいので、つねに小さめのゴール設定で満足するのです。

人はゴールを設定するときにも自分の快適領域から抜け出したくないのです。

しかし、これが大きな間違いというのはもうおわかりでしょう。小さなゴールはモチベーションを喚起させてくれないのです。

モチベーション不足や怠け心の問題で私のところに相談に来る人にどんなゴールを持っているかを尋ねると、多くの場合で必ず彼らには大きなワクワクするゴールがないことがわかります。

つまり、人はほとんどの場合、怠惰なのではなく、自分を動機づけるのに十分なゴールを持っていないだけなのです。

モチベーションの欠如は、さらなる失敗を引き起こし、多くのリミティング・ビリーフをつくり出すのです。

可能性はいつもフィフティ・フィフティ

しかし、最も早く進捗する秘訣は、大きく考え、大きなゴールを設定することです。ゴールが大きいほど、進捗する度合いもあなたの成長への歩幅も大きくなります。これこそが私が大きなゴールの設定をすすめる本質的な理由です。

人は賞金100万円よりも1000万円のレースの優勝を目指すときのほうが、本気になります。

大きいゴール＝大きいモチベーション
小さいゴール＝小さいモチベーション

しかし、大きいゴールのほうが大きなモチベーションが得られるからとはいえ、非現実的なあまりに大きすぎるゴールを設定するのも問題です。

65歳の運動経験のない男性が、次回のオリンピックの100メートル走で金メダルを獲る、というゴールを設定したとしたらどうでしょう？　もし達成すればオリンピック史上最高齢の快挙達成です。客観的に見て実現は困難です。同様に本人も実現の可能性をあまり信じていないのなら、モチベーションは起こりません。この男性はこのゴールに向けて何の行動もすることはないでしょう。

では、ゴール設定をする際の最適な基準はどれくらいなのでしょうか？

ゴールの設定は、極端に高すぎず、低すぎず、**50％程度の確信度を感じるレベルで設定することです。**

仮に年収３００万円の人がいて、この人が１年間で年収を３１５万円にする、というゴールを設定したとします。そしてこのゴールを達成する確信を90％持っていたとすると、このゴールにワクワクして、大きなモチベーションを感じるでしょうか。

反対に、１年間で年収を１億円にするというゴールを設定し、その達成に５％しか確信していなかったとしたら、大きなモチベーションを感じるでしょうか。

どちらの例も行動を起こすことは先送りされ、実際に行動を起こすことはまれでしょう。

仮にこの人にとって、１年間で年収を５００万円にする、というゴールへの確信がちょうど50％に感じられるところだとすると、それはちょうどいいゴールだといえます。

50％程度の確信度の目標というのは、達成できれば今の自分からすると大きな成果といえますし、そのためには今の自分から大きく成長することが必要になります。このくらいの基準でゴールを設定することがポイントです。成功確率50％、失敗確率50％という快楽と痛みの狭間で両方の感情を持つことができる究極のバランスが、私たちに自然とモチベーションを与えてくれます。

正しいゴール設定が行動をスムーズにし、結果を得るためのカギです。

失敗をどのように受け止めるべきか？

とはいえ、適正と感じるゴールを設定しても、そのすべてを期日どおりに達成することができるとは限りません。時には望んだとおりの結果が得られないこともあります。そんなとき、失敗をどのように受け止めるかが重要です。

私がゴールを設定しはじめたときに経験したいくつかの失敗例をあげましょう。

◎もっといい仕事に就こうとして失敗。
◎ガールフレンドをつくろうとして失敗。
◎起業をしようとして失敗。
◎販売の仕事をしようとして失敗。
◎新しい習慣をつくろうとして失敗。

行動を起こしていけば、必ずしも成功することばかりではありません。望んだとおりの結果が得られないことだってあるのです。

そんな時期に共通してよく見られるのは、人はうまくフィードバックを受け止めることができないということです。なぜなら、彼らはたいへん傷つきやすく身構えてしまっているからです。

そして危険なのが、これまでに多くの失敗を体験したために自尊心が低下しはじめることです。

私も同じことを体験したことがあります。

なぜ自分はダメなのか、なぜうまくいかないのだろうか、そんなダメな理由を探してしまうような、ネガティブな質問を自分自身にしはじめると、たちまち下降スパイラルにはまってしまいます。

諸説ありますが、人間は1日に3万回以上もの思考を繰り返しています。思考とはすなわち「質問とその答え」のことです。ネガティブな質問をたくさん自分にしていると、たちまちネガティブなフォーカスが生み出され、ネガティブな答えが引き出されてしまいます。1日3万回もの思考のうちの多くがネガティブなもので占められていたら大変です。

人によっては自分の失敗の痛みをまぎらわせるために麻薬やお酒などのすぐに得られる快楽に陥り、墓穴をさらに深く掘り下げていってしまうのです。

私たちは多くの失敗を正しく解釈しなければなりません。失敗したのは、決して自分がダメな人間だったからではなく、もっと何かを学ぶ必要があったということです。そう、失敗とは「何かを学び、考え方なりやり方を変える必要がありますよ」というサイン、単なるフィードバックなのです。

私自身も経験したいくつもの失敗を正しく解釈し、そこから必要な学びを得て、自分自身をより成長させる必要がありました。

失敗を正しく解釈するために、自分に聞くべき質問はこうです。

◎この出来事のよい点はなんだろう？
◎何がまだ完璧ではないのだろう？
◎望む状態を実現するために、進んで何をやる？
◎望む状態を実現するために、何をやめる？
◎どのようにそのプロセスを楽しむことができるだろう？

これらを自分に問いかけ、それに答えることで失敗を正しく解釈し、失敗を一時的なものととらえ、力に変えることができるのです。

私たちはいつも真実に基づいて何かを考え、行動をしているわけではありません。自分が真実だと思い込んでいることに基づいて何かを考え、行動をしているということを忘れないでください。どのような能力を発揮していくかは、どのようなビリーフを持っているかで決まってくるのです。

じつは私は以前、他人からアドバイスや指摘などフィードバックをもらうことを苦手としていました。

しかし、友人の影響で真にフィードバックの力を知り、フィードバックを受け入れることができるようになりました。

彼は他人からフィードバックを受け取ることをたいへん得意としていました。たとえば、自らが提供しているサービスのパンフレットなどを作成すると、必ず周囲の何人もの人に意見、アドバイスを求め、それらを的確に反映させ、改善をはかったのです。そうした繰り返しの中で、彼は事業を加速的に成長させていきました。

彼の大きなポイントは、フィードバックを進んで受け取り、そこから学び、改善をしていたことです。ぜひ、あなたも信頼する周囲の人からのフィードバックに心を広げて受け入れてみてください。

「私は先延ばし屋だ」というビリーフ

──「アイデンティティ」を見直す

自分は何者なのかに気づく

自分に対して、自分をどのように説明しているか、自分が何者なのかというイメージ、これがアイデンティティです。

アイデンティティは私たちが持っているビリーフの中でも、最も強い影響があるものです。

私たちは無意識にビリーフに基づいて振る舞い、能力を決め、ビリーフどおりの人間になるのです。自分に与えるレッテルが何であれ、それが予言となり現実となるのです。

私が思うに人生の目的は、何を達成するかではなく、どんな人になるのか、とさえいえます。

では、自分について、このように信じていたらどうなるのでしょう。

◎私は先延ばし屋だ。
◎私は怠惰な人間だ。
◎私は行動的ではない。
◎私はプランニングが得意でない。
◎私は何ごとにも集中することができない。

このように自分のことを信じていたら、行動することに対してどのような感情を持つでしょう。倦怠《けんたい》感や自信のなさを感じるようになります。積極的に行動することなどできなくなるでしょう。

少年時代の私は、「自分は知的ではない」と信じていました。この思い込みを持つことによって、私は成績がよくなるなんて不可能だ、と思うようになっていました。当時は成長ということに価値を感じることはなく、当然、熱心に勉強するという行動を選ぶこともありませんでした。

結果、成績を伸ばすことができずにいましたし、そもそも大学に進学しようとは考えもしませんでした。「自分は知的ではない」と信じることで、本来得られるはずの知的さから自分を遠ざけていたのです。

つまり、このときの私のように自分は怠惰な人間だ、自分は先延ばし屋だ、などと信じていたら、先延ばしで苦しむことになることはほぼ確定したようなものです。

自分のたくましさを知っている男性、自分の美しさを知っている女性は、自然に身体からみなぎる自信がまわりの人たちを引き寄せます。しかし、自分の魅力に気づかず、「どうせ自分なんか」と卑屈になっていたら、本当にそのとおりの結果になってしまうのです。見た目が人をつくるのではなく、内面が人をつくるというのは決して耳当たりのいいだけの言葉ではないのです。

リミティング・ビリーフを持つことは、本当に人を不幸にするのです。

悪いアイデンティティが能力や行動を抑える　†ニューロ・ロジカル・レベル

私たちがどのように先送りをしているのか、そしてアイデンティティがいかに私たちに強い影響を与えているのかをより理解するために、ニューロ・ロジカル・レベルというコンセプトを紹介します（図8）。

ニューロ・ロジカル・レベルは世界的に著名なNLPのトップトレーナーであるロバート・ディルツ博士が、グレゴリー・ベイトソン（文化人類学・精神医学などの研究者）の学習と変化における4つの基本レベルという概念を体系化したモデルで、人に変化をもたらすNLPスキルのモデルとして使われています。

ニューロ・ロジカル・レベルには次の6つの階層があります。

①環境：「いつ」「どこで」という環境レベルの外的な要素。

②行動：得たい結果に向けて「何をするのか」「何をしているのか」という行動ステップに関わる要素。

③能力：「どのように」行動していくのか、という計画や戦略に関わる要素。

④信念・価値観：私たちから特定の反応、能力、行動を引き出したり、止めたりするもの。人の行動、モチベーションに関係している内的な要素。

⑤アイデンティティ：「私は何ものなのか」という自分の役割に関わる要素。自分に対してどのように自分のことを説明しているかということ。

⑥スピリチュアル（精神性）：「私は何のために生きているか、私は私以外

図8　ニューロ・ロジカル・レベル

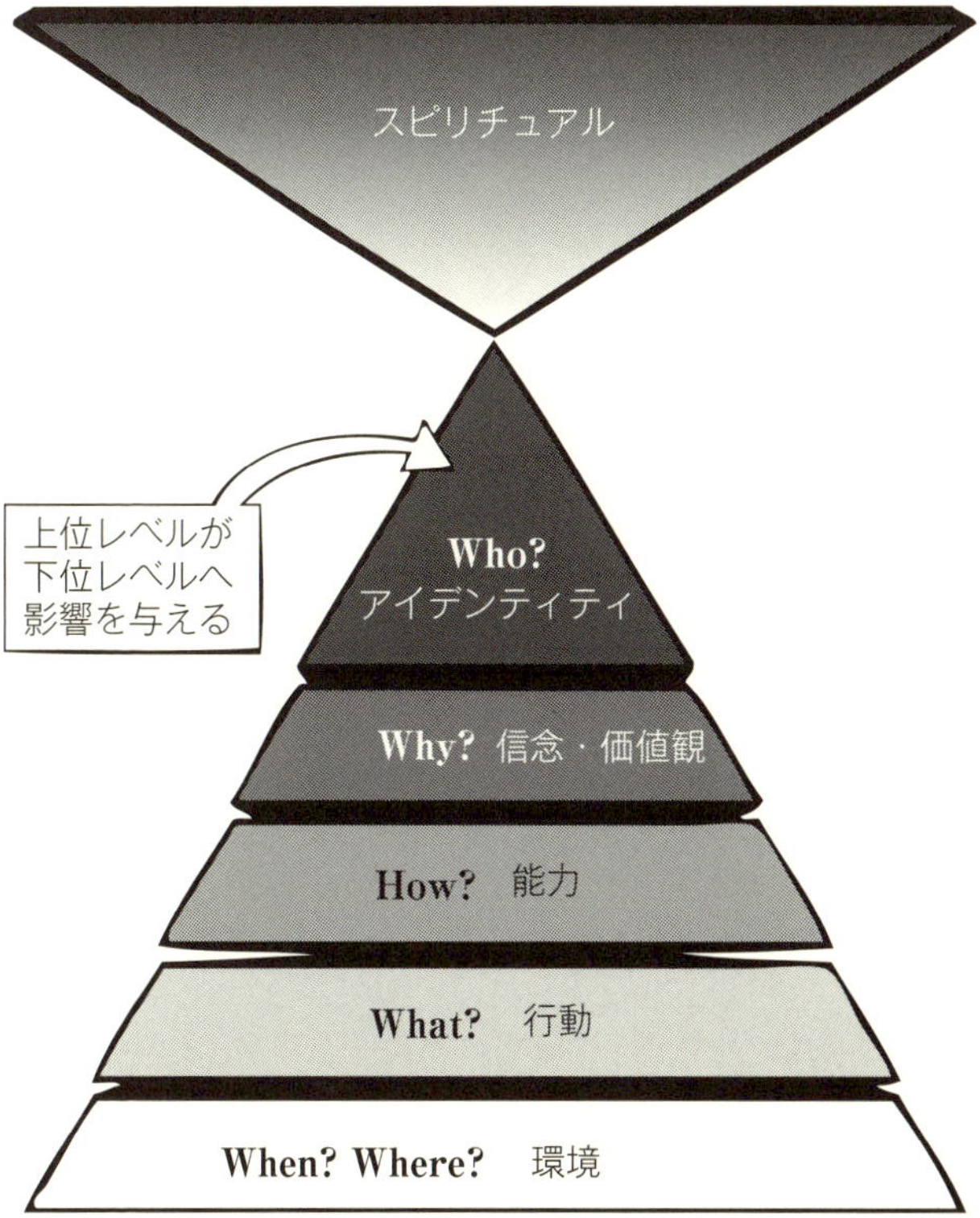

の存在にどんな影響を与えているか」という、自分が属するより大きなシステムに関する要素。

ここでとても重要なのは、ニューロ・ロジカル・レベルの「上位レベルは、下位レベルに影響し、なんらかの変化を起こす」ということです。

たとえばある人が、「私は何のためにこれをやるのか?」という理由がなく、ただただその日稼いで食べて生きることだけにフォーカスし、私は怠け者で、先延ばし屋だ、というアイデンティティを持っていたとします。

すると、その下位にある信念、価値観はこの影響を受けます。自分のことを怠け者だと信じていたら、即断即決、実行という価値観は持たないでしょう。そして、自分がすぐにできるとも信じないでしょう。

この信念に基づいて、下位にある能力、行動は制限されることになるのです。

ネガティブなアイデンティティを持っていることがどれほど重大な問題なのか、そしてパワフルなアイデンティティを持つことがいかに大切かおわかりいただけたのではないかと思います。

あなたが、何を信じて、どんな能力を持っているのか、ということは真実に基づいているのではなく、あなたの「私は誰なのか？」というアイデンティティから来ているのです。

アイデンティティを変えるためにあえて痛みを感じる

もし、あなたが自分のことを「先延ばし屋」などと思っていたとしたら、ただちに対処しなければなりません。

このアイデンティティに基づいて能力も行動も決まってきますので、迅速に行動に移すことは難しくなります。これは大きな障害です。

そこで、次のように自分に質問してみてください。

「この思い込みを持ちつづけたとしたら、将来にどのような最悪なことが待っているのだろう？」

痛みをともなうたくさんの不幸な未来が想像されると思います。直前になって慌てふためくことになる、他人に迷惑がかかる、上司に叱責され部下からも信用を失う、試験に合格できない、給料が上がらない……。

ここでは痛みを避けることなく想像をし、痛みを感じることが大切です。アイデンティティティを変えるための準備として必要なことですから。

十分に痛みを感じたら、次にこの自問自答を行ってください。

「自分のゴールを達成するために、自分の理想の人生を生きるために、どんな人間であるべきだろう？」

仮にこのケースで「私はすぐやる人だ」と信じることが必要だと思ったとします。「私はすぐやる人だ」と声に出してみて、力が湧いてくる感覚があれば、それこそ信じるべきことです。

ここで得た答えは、あなたの新しいアイデンティティにすべきであり、これから確信の度合いを高めていかなければならないものです。

もっと大きな、あなたに力を与えてくれるようなアイデンティティを持つことを、あなた自身に許可してください。そしてあなたのアイデンティティを「先延ばし屋」から「すぐやる人」に書き換えてください。

その際に役立つのが１８４ページで紹介しているインカンテーションです。ぜひ、試してみてください。

あなたの中で矛盾しているビリーフ
――「価値観」を変える

間違った価値観を正しい価値観に

価値観は、私たちが人生の中で、何を好み、何を嫌い、何を望み、何を避けようとするのか、という無意識の選択をコントロールしているプログラムの1つです。私たちを望ましい結果に導いてくれる価値観がある一方で、無意識のうちに行動にブレーキをかけている価値観もあります。

後者の価値観は手放さなければなりません。

価値観について、私たちの中にはたくさんの矛盾があるものです。そして、時にその矛盾が私たちの行動にブレーキをかけ、苦しめるのです。

第2章で紹介した見込み客に断られるのが怖くて電話をかけるのを躊躇しているセールスマンについて考えてみましょう。

このケースでは、成長したいが拒絶はイヤだという「成長」と「拒絶」の2つの間で矛盾が起きています。

原則として、販売の仕事を成功させるためには、一定数の見込み客に断られる必要があります。

たとえばある人が、10人の自社商品に関心を持ってくれている見込み客にセールスプレゼンテーションをして、3人の見込み客が買ってくれるような仕事をしていたとします。彼は学び、スキルを身につけ、プレゼンテーションの劇的な改善に成功し、それまでの2倍の6人の見込み客が買ってくれるようになったとしましょう。それでも10人中4人の見込み客には断られることになります。

この場合、1カ月に60件の販売を成功させたければ、100回のプレゼンテーションをして、40回見込み客に断られる必要があります。断られることを恐れて行動を先送りしていては、決して販売の仕事を成功させることはできません。拒絶を快く受け入れる必要があるのです。

実際セールスマンとして成功している人で、「できるだけ早く、たくさん拒絶を受けるべきだ。なぜならそれだけ早く私の商品を買ってくれるお客様と出会うことができるから」と言って拒絶を快く受け入れている人がいました。

彼は成長や行動といった価値観に相反する価値観がないため、積極的に行動することができるのです。

成功したいけれど、行動はしたくない。私はビーチで寝そべっていたいんだ、という人も件《くだん》のセールスマンと同様です。

こうした状態ではとても行動することはできません。内的な葛藤は、私たちを混乱させ、イライラさせます。

目指すゴールそれぞれに異なる価値観がある

さまざまなシーンで、優先されるべき適切な価値観があります。

たとえば、私がコーチングしているクライアントや、セミナーに参加してくれている人の中には多くの起業家、これから起業したいという方がいますが、起業家が「安心、安全、快適」という価値観を最も重視すると、どんなことが起こるでしょう。

不確実な領域に足を踏み出すことになる「決断、決心」が弱くなってしまい、結果としてスピード感のある行動、変化への柔軟な対応をとることが難しくなり、ビジネスをスピーディーに成長させていくことは困難になります。

中には「安心、安全、快適」を重視するあまり、行動することによって起こる不確実なことに対して恐怖を感じてしまい、起業準備を何年も続けている人もいます。「安心、安全、快適」を過度に求めると、延々と先送りを続け、行動すらしなくなるのです。

どのような場合でも、成長するためには、安定した領域から飛び出し、不確実なことに挑戦しなければなりません。起業家に必要なのは「決断、決心」という価値観です。

また、何か新しい、多くの人が困難だと考えているようなことにチャレンジする場合、「熱意、情熱」といった価値観を持っていなかったら、やり遂げることはおろか、挑戦することさえ難しいでしょう。不確実なことにチャレンジすることは安定の対極にあるといってもいいでしょう。

目指すゴールそれぞれに、重要となる価値観が存在しているのです。

あなたのゴールを達成するために、どのような価値観を大切にする必要があるでしょう？

ぜひ思いつくものを書き留めてみてください。

価値観を変化させる方法

私自身の経験としても、以前は誤った価値観として、「快適（楽）さ」が価値観の上位にありました。成功は、不快をどれだけ快適に受け入れるかの反映でしかないにもかかわらずです。

そこで決断、決心を価値観のトップに持ってきて、そこにフォーカスすることにしました。これによって不確実なことにも挑戦することができるようになり、スピーディーに行動できるようにもなりました。

しかし、今度は決断、決心を価値観のトップにしたことで、身体を酷使しすぎるようになり、たいへんなストレスを感じることになりました。そこで健康を価値観のトップに持ってくることによって、健全な状態で決断、決心を維持できるようにしました。

これに加えて、自分が決断、決心を重視しすぎるあまり、自信を感じすぎていることに気がつきました。これは、成功のマインドセットから来ているものですが、この社会においてロールモデルとなるために、価値観のトップに愛を入れる必要があるように感じました。そうすることでマスターコーチとしてより魅力的な人間となり、自分がなりうる最高の自分になることができると思ったのです。

価値観というのは変わらないもの、変えることができないもの、変えるべきではないもののように考えている人もいますが、私の例のように、価値観はそのときの人生のステージ、自分の状態によって柔軟に変化、進化をさせていけばいいのです。

価値観が変わることで、日々どのような選択をするのか、そして行動をするのかが変わり、当然違った結果になるのです。

価値観を変化させるプロセス

次の質問を自分自身にし、答えていくことで価値観を見直し、必要な変化をもたらすことができます。

ぜひ試してみてください。

◎理想の人生を実現し、なりうる最高の自分になるために、自分の価値観は何である必要があるか？

◎ほかにどんな価値観を加える必要があるか？

◎理想の人生を実現するために取り除くべき価値観は何か？

◎この価値観を持つことで得られるベネフィットは何か？
◎理想の人生を達成するために私の価値観はどの順番である必要があるか？

価値観はあなたを導くコンパスのようなものです。このコンパスが間違えていたら当然日々進むべき方向を決める決断は間違ったものになりますし、行き着く先も間違った場所になってしまいます。

以上の質問で、あなたを素晴らしい人生に導いてくれるようコンパスを点検、調整することができます。

条件反射的に「めんどくさい」と思うビリーフ

――「ルール」を変更する

ルールに縛られず、自分のルールをつくる

次にルールについて解説しましょう。

ルールというと、日本人にとっては「規則」や「決まり」と解釈されそうですが、ちょっとだけニュアンスが違います。ここでは「Aという条件が満たされたとき、Bという感情を感じる」という条件反射のようなものだと思ってください。

私の知人で、「雨が降ると腰が痛む」と言う人がいました。雨が降ると、湿度や気圧の変化などで微妙に身体機能の調整が狂ってしまい、痛みを感じるのだと言うのです。

しかし、よくよく聞いてみると雨が降った日に100％腰痛が起きるわけではないようです。雨が降っても腰痛がない日もあるそうで、何かに集中しているときや、旅行に行っ

たときなどは、痛みを忘れていると。さらに、腰痛が起きる日でも、一日中痛むのではなく、時間帯によっては痛みが気にならなくなることもあるそうです。

私は次のように思いました。

ひょっとすると、雨と腰痛の因果関係というのは何かしらあるのかもしれません。しかし、彼は必要以上に「雨が降ると腰が痛む」をルール化し、これを受け入れていることによって、感じなくてもいい痛みを感じているのではないか？　もし、このルールを捨てることができれば、腰痛に悩まされる回数は減るのではないか？

私のこの仮説がどこまで正しいか否かはさておき、よくも悪くも、ルールというのは身体レベルにまで影響をおよぼすということは間違いありません。

腰痛というのはネガティブな例ですが、それを逆手に取って「勝手に身体を動かしたくなる」ルールをつくることも可能なのです。

ルールは書き換え可能

私たちの中にあるルールをより理解していただくために、もう一つ事例を紹介しましょう。

私がコーチングをしたクライアントの中に、「恋人が自分を愛してくれていない、愛情を感じられない」と悩んでいる女性がいました。彼女は愛情を感じられないことで、不安やストレスといったネガティブな感情の中にいました。

私は彼女に次のように聞きました。

「何が起こったら、何をしてもらったら、あなたは十分な愛情を感じることができますか？」

少し考えてから彼女はこう答えました。

「いつも私の話をやさしく聞いてくれて、毎日電話をしてくれて、こちらが送らなくてもメールを送ってくれて、いつも〝愛しているよ〟とちゃんと言ってくれて、週末は必ず一緒に過ごして、そして私といるときには仕事のことを忘れてほしいんです」

「ほかにありますか？」と聞くと、記念日には素敵なレストランで食事をすること、特別な日でなくても花などのちょっとしたプレゼントを贈ってくれることなど、さらにいくつかの条件を彼女は追加しました。

これが、彼女が愛情を感じるためのルールです。

考えてみてください。彼女のルールに従ったとすると、彼女が愛情を感じることは簡単なことでしょうか。これほどたくさんのルールを持っていては、日々、多くの時間で愛情を感じることは難しくなってしまいます。しかも、彼女のルールの中には「いつも」「必ず」という言葉が入っています。これらのルールがつねに守られることは難しいでしょう。

つまり、彼女は愛情を感じることを困難にさせるルールをたくさん持っていたのです。

しかし、こうしたルールは書き換えることができます。

彼女は、この日のコーチングセッションの中で愛情を感じづらくし、ストレスをもたらしていた古いルールを手放し、日々愛情を感じることができる新しいルールを見いだしました。それは、「相手のことを気にかけたり、ちょっとしたことであっても何かをしてあげることができたときに愛情を感じる」というルールです。相手に与えてもらうのではなく、自分が与えることで自らが満たされるというルールに書き換えたわけです。それがブレイクスルーとなり、恋人と愛情に溢れた素晴らしい関係を築くことができたのです。

私たちは生まれてから成長する過程で、人それぞれに違った情報に接し、個別の経験を通して、自分では知らないうちに、自分の中にたくさんのルールをつくっています。

ですので、ルールというのは十人十色、多様性があるのです。同じ経験をしても、同じ環境にあっても、人によって違った感情を持ってしまう理由の1つがこのルールなのです。

たとえば、酸っぱいものを想像すると唾液が出てくるように、やったことがない、はじめてのことに取り組むときに、「めんどくさい」と感じる人がいます。

仮にこのようなルールを持っている場合、人生においてその人はどのような経験をすることになるでしょう？

仕事においても、プライベートにおいても、やったことがない、はじめてのことに取り組む機会はじつにたくさんあります。大きな目標を立てて、その目標にチャレンジしていく場合などはなおさらです。しかし、そうしたことに条件反射的に「めんどくさい」と思ってしまったら、なかなか行動に移せなくなるはずです。

私たちを動かす感情、止める感情

私たちの行動を決めるのは感情です。

では、どのような感情が私たちを後押しし、または行動を阻んでしまうか、ここで整理してみましょう。

行動から遠ざかる感情の例

◎不安、恐怖。

◎混乱、困惑。

◎虚しさ、失望、敗北感。
◎嫉妬。
◎劣等感、不足感。
◎怠惰。

これらの感情を持っていたとしたら、次々に行動を起こしていけるでしょうか。間違いなく、すぐに行動したくなるような状態ではなくなると思います。

ですので、行動力を奪う感情を簡単に感じるようなルールを持つのはたいへん危険です。つまり先送りしやすいルールをたくさん持っていることになるからです。

これらの行動力が奪われる感情に支配されないためにはどうすればいいのでしょう？ 答えは、行動したくなくなるような、私たちから力を奪う感情を持ちづらい状態にしてしまうのです。すなわち、ネガティブな感情を感じるルールの条件を難しいものに変えればいいのです。

行動を先送りせずにすぐやる人は、行動から遠ざかる力を奪うマイナスの感情を感じづらいルールを持っているのです。力を奪うマイナスな感情を持ってしまってから対処するよりも、最初から持ちづらくしてしまったほうがずっと楽ですし、行動していくのがより簡単になります。

では、行動につながりやすい感情にはどんなものがあるでしょう。

行動したくなる感情の例

◎自信、確信。
◎充実、喜び。
◎楽しみ。
◎希望、期待。
◎充実感。
◎ワクワク。

これらの感情を持っている状況を想像してみてください。

すぐに行動したくなるような心理状態になっていると思います。こうしたすぐ行動したくなるような感情を、多くの場面で感じなければなりません。

このような感情を持つためには、ルールを満たす条件を簡単にし、かつ少なくすることがポイントです。学んでいるときにはいつでも自信を感じる、決断をしたらいつでも確信を感じるなど、どんなときでも特別な条件、外的な条件が揃《そろ》う必要がなく、その場で感じることができるものにすることが大切なポイントです。

すぐやる人は、行動したくなる思いを簡単に感じることのできるルールを持っているのです。

自分のルールに気づく

では、現在あなたの持っているルールは、あなたを行動へと向けてくれるようなルールになっているでしょうか？

もし、今あなたが自分を非アクティブ状態に陥りやすい、自分のゴール達成の助けにならないようなルールを持って生きていたとしたら、このルールはあなたに不要なストレスをもたらしている原因になっています。

毎日耐え難いような苦痛の中、どうにかがんばって行動しつづけるのではなく、日々心地よい感情で行動し、理想の人生を実現させる秘訣は、よい感情を持つことを簡単にし、悪い感情を持つことを難しくするルールです。

多くの人のルールは、よい感情を持つことが難しく、悪い感情を持つことが簡単なルールになってしまっています。

まずは、「あなたを行動的にしてくれる感情はどんな感情なのか？」、そして「あなたに行動させない感情はどんな感情なのか」に気づくことが大切です。

あなたが今すぐにでも行動したくなるような感情は、どんなものでしょう？　あなたが過去において、とても行動的であったときのことを思い出してみれば、答えを得られるはずです

逆に、あなたが行動したくなくなる感情も分析してみてください。過去、あなたがとるべき行動を先送りにしたときのことを思い出してください。

では、あなたはこれらの感情を、どんなことが起こったときに感じるのでしょう？

◎行動したくなる感情を持つ条件、ルールとは？
◎行動したくなくなる感情を持つ条件、ルールとは？

ここで見つかったものが、あなたが持っているルールです。

どのルールも、あるときにじっくりと検討して決めたものではないと思います。

誰かが言っていたことだったり、自分自身の経験則から知らないうちに持っていたルー

ルです。

今、あなたはこうして自分の無意識の中にあったルールを見つけました。ここまでできれば、そのルールを変えることだって可能なのです。

自分を行動的にしてくれる感情を持ちやすくする

たとえば、行動したくなる感情が「自信」だとします。

多くの場合で自信を感じていたら、とても行動的で素晴らしい毎日になります。

仮に「自信」を感じるためのルールとして、「何度もうまくやった経験があること」という条件があったとします。しかし、このルールには問題があります。

答えはおわかりですね？

何度もうまくやった経験がないと、自信を感じることができないからです。これではじめてやること、それほど経験を積んでいないことに対して自信を持てず、行動的になることができないでしょう。はじめてやること、それほどまだ経験を積んでいないことをやる機会というのは人生にはたくさんあります。

同様に自信を感じるためのルールが10個も20個もあるようではとても行動的にはなれま

せん。大切なのは、感じたい感情を持つためのルールは少なく、そして簡単にすることです。たとえば、私が自信を感じるためのルールは、「今、この瞬間に全力を出していること」です。インカンテーションをして、自分をいい状態にすれば、ピークパフォーマンスを出すことができます。つまり、この時点でとても力強い自信の感情に包まれることができます。何も10も20もの特別なことが起こる必要はないのです。

そして、このルールは１００％自分でコントロールすることができます。どんなときも、すぐに自信を感じることができるのです。

ほかにこんな例もいいでしょう。

◎深呼吸をしたときは、いつでもリラックスし、自信を感じる。
◎計画を立てたときは、いつでも自信を感じる。

誰かが何かをしてくれたり、特別な何かが起こる必要のない、ほかの人に頼るのではなく自分自身でコントロールできるルールにすることがポイントです。

今があなた自身を行動的にするためにルールを見直すときです。今までのルールから、さらに簡単によい感情を持つことができる新しいルールに書き換えてみましょう（図９）。

図9　行動を左右する感情と条件、ルールのサンプル

	行動したくなる	行動したくなくなる
感情	自信、愛情、情熱、喜び、健康	怠惰、イライラ、不安、孤独感、劣等感
条件、ルール	・ほめられたとき ・得意な課題に挑むとき ・仕事がはかどったとき ・応援しているチームが勝ったとき ・夕食がご馳走だと知ったとき ・異性から好感を持たれたとき、期待されたとき ・寝起きがよかったとき ・臨時収入が入ったとき	・仕事の成果が出なかったとき ・雨が降ったとき ・仕事が単純作業ばかりのとき ・苦手な仕事をまわされたとき ・あいさつしても、返事がなかったとき ・二日酔いのとき ・昼近くまで寝過ごしたとき ・睡眠不足のとき ・やるべき仕事が膨大に感じたとき ・他人に自分の存在を軽んじられたと感じたとき ・恥ずかしい思いをしたとき
新条件、新ルール	自分でできることでかつシンプルなものに ▼ ・インカンテーションをしたときにはいつでも ・コップ 1 杯のミネラルウォーターを飲んだときはいつでも	感じることがほぼ不可能なものに ▼ ・今、何もできないという思い込みを持ち続けたとき ・学ぶことができないという思い込みを信じ続けたとき

すぐやる人は、すぐやれるルールを持っているのです。

自分を怠惰にしてしまう感情を持ちづらくする

前項ではよい感情を持つためのルールは少なく、簡単にしなければならないとお話ししましたが、反対にイヤな感情を持ちづらくするルールをつくるときのコツも覚えておいてください。

たとえば、怠惰を感じるルールが「完璧に予定どおりにこなせなかったとき」だったとします。このように、ルールが1つしかなくて、その条件を満たすのがとても簡単なものだったとすると……、いとも簡単に悪い状態に陥ることができますし、何かと行動を先送りしてしまう毎日になってしまうでしょう。

このルールの問題は何でしょう。

私たちの毎日は、予想もしない出来事が起こります。

私の家には小さな子どもが4人います。毎日と言っても決して言いすぎではないというぐらい、予想外の出来事がたくさん起こります。ビジネスにおいても、自分にはコントロールすることができない、予想もしない出来事は起こりますし、そもそも天候などは自分にはコントロールすることができません。

すべてが完璧に、当初予定していたとおりに進むということは非常に難しいのです。「完璧に予定どおりにこなせなかったとき」に、「ああ、また予定どおりにいかなかった、私は怠け者だ」などといちいち怠惰な感情を持っていたら、ほとんど毎日怠惰な感情を持ってしまうことになるでしょう。このようなルールでは、簡単に悪い状態になってしまうのです。

私が怠惰を感じるためのルールは、「仕事をしたくない、と思いつづけたとき」です。しかし、そんなことは起こることはないので、私が日常的に怠惰を感じることはないのです。イヤな感情を感じづらくするコツは、できるだけその条件を難しくしたり、複合的なものにするのがコツです。たとえば、感じたくない感情のルールを、「○○をしつづけたとき」「△△と思いつづけたとき」などにすることで、条件を満たすことを一気に難しくすることができます。

行動したくなくなるような感情を、簡単には感じることができないようなルールに書き換えましょう。

ルールはいつでも書き換えることができるのです。

第4章

私たちは一瞬で行動的な人間に変化する

破壊することで急激な変化を起こす残りの障害を特定する

一瞬で変化を起こすために

†内的再表現と言葉

第2章の「痛みと快楽の法則」を理解し、第3章で説明したリミティング・ビリーフの破壊に成功したなら、あなたの行動を阻害する要因はかなり減ったといって差し支えないでしょう。ここまでのところで、すでにあなたはすぐやる人になっているかもしれません。

残る障害は、内的再表現《ないてきさいひょうげん》（インターナル・リプレゼンテーション）と言葉です。

私たちは、目で見て、耳で聞いて、身体で感じたことを、自分の中で再表現しています。この再表現によって行動への障害が生まれることがあります（図10）。

内的再表現はあまり馴染みのない言葉ですので、簡単に説明しておきましょう。

多くの人は目に見えるものが現実だと信じています。しかし、私たちは現実そのもの

図10　内的再表現が与える影響

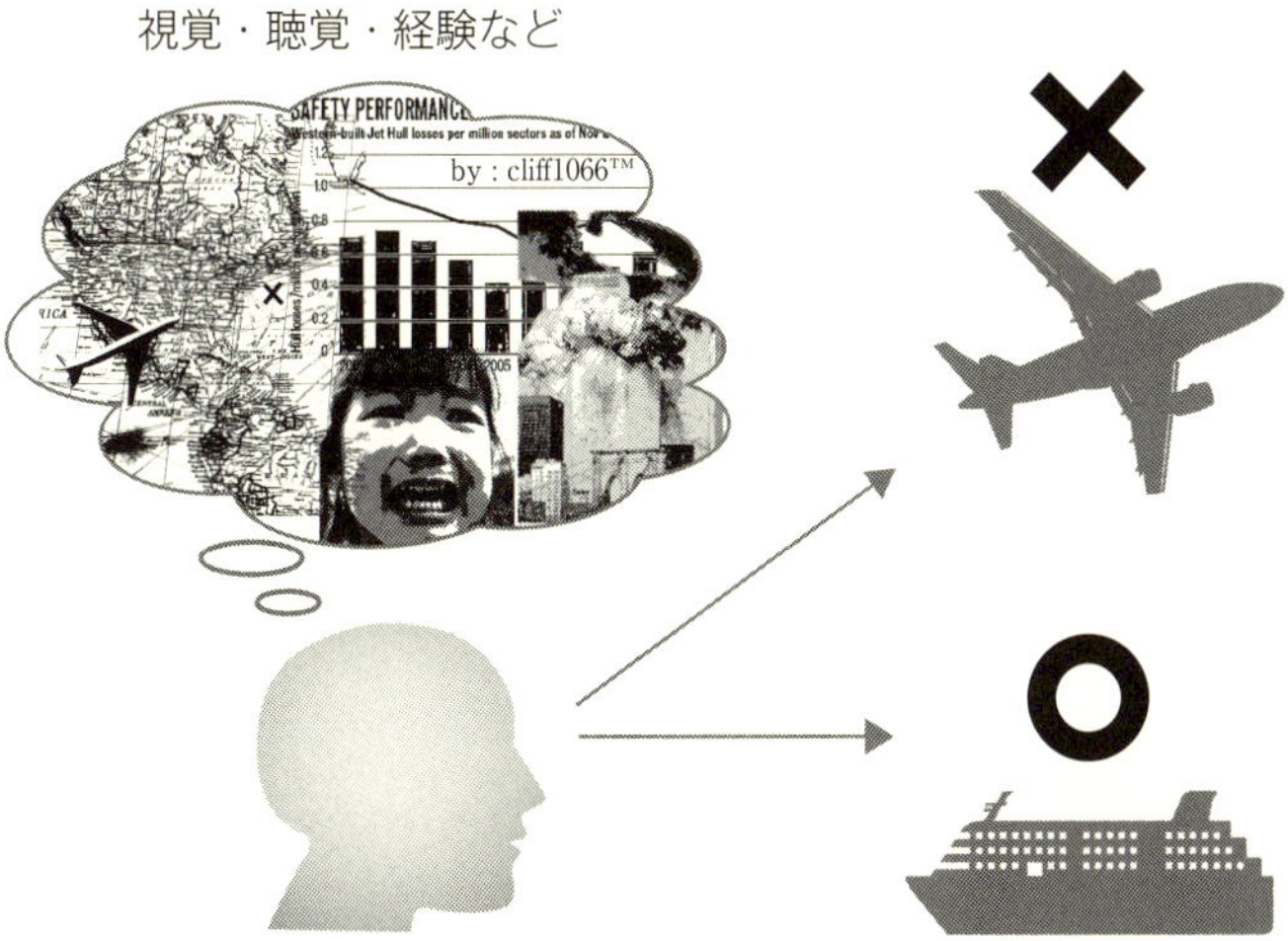

を見ているのではありません。心の中で再表現した〝主観的現実〟と呼ばれるものを見ているのです。同じ出来事を経験しても、人によって感じ方がまったく異なるのは、それぞれが個々の内的再表現をしているためです。

　内的再表現がネガティブな場合は、私たちにネガティブな行動をさせたり、行動意欲を減退させてしまいます。しかし、ネガティブからポジティブな内的再表現に変換することは可能です。

　第4章では私たちが注意すべき3つの内的再表現と、内的再表現と密接に結びついている言葉について説明してきます。

その特徴をつかみ、対処法を知ることで行動への障害を乗り越えられるようになります。やりたいこと・やるべきことができ、さらにやめたいことをやめられる自分に一瞬で変化することができるのです。


すべてのゴールに向かっていくには、思考、感情、行動、習慣の変化が求められます。中でも多くの人にとって障害となるのが、恐怖心、怠惰、先送り、失望感などです。しかし、これらすべての障害は一瞬にして変えることができるのです。

多くの人が「変化には時間がかかる」と言います。

しかし私はこれには同意できません。

変化は一瞬にして起こるのです。

変化のための準備に少し時間がかかるだけで、変化そのものは一瞬にして起こります。それこそ、まばたきをするくらいのほんの一瞬です。変化が起こる瞬間とは、明確で揺るぎない決断を下したそのときです。

明確で揺るぎない決断を下したその瞬間、私たちは運命の方向を変えているのです。

もし望むのであれば、まさに今、あなたは転職したり、外国へ転居したり、新しいスキルを学んだり、悪習慣を断ち切ったり、よい習慣をはじめたりする決断を下すことができるのです。

行動力は誰にでも備わっているもので、選ばれた数人だけの特権ではありません。貧しくても裕福でも、私たちはみんな人生を変えるための第一歩を今すぐに踏み出すことができるのです。

私は吃音症を克服した

実際に私自身が劇的な変化をした体験をお伝えしましょう。

私は幼いころから吃音症で悩んでいました。

多くの人が「どのようにして吃音症を克服したのですか？」と私に質問します。

私はコンプレックス克服のために多くの吃音症に関する本を読んだのですが、症状が好転することはありませんでした。話すたびに、ほぼすべての言葉に詰まってしまうのです。

学校でみんなの前で先生にあてられて何も話すことができなかったシーンや、言葉に詰まってしまう私の真似をしてからかってくる人たちのことを思い出すことでネガティブな感情に襲われてしまい、吃音の症状が出ていたのです。

どもらずにコーヒー1杯を注文することさえほとんどできませんでした。ましてや仕事の面接などでは本当に酷かったのです。

1000人以上の人の前でステージに立ち、数時間も話す今の私からは、そんな様子を想像するのも難しいかもしれません。

当時、私は吃音症を克服する必要があったので、言語療法士や精神分析医のもとに通いました。

しかし、みんな口を揃えてこの吃音症を克服するのは不可能だと言い、一生この問題を抱えていくことになると告げました。

なんてことでしょう！

こんなことを聞かされるとは思ってもいませんでした。私は失望していました。あるアメリカ人男性を、オプラ・ウィンフリーの番組で見るまでは。

その男性は、心理学の専門家で自身の本を紹介するためにオプラ・ウィンフリーの番組に出演していました。彼は、ミルトン・エリクソンやヴァージニア・サティアといった世界一のセラピストによって使われてきた技術のトップレベルの実践者だったのです。この2人が世界で最高のセラピストとなった理由は、たった一度のセッションで患者が望む変化をもたらしたからです。

テレビ番組に出演していた彼は、30分もかからずに吃音症を克服するサポートをしたと言いました。

「信じられない！　でも、もしそれが本当なら……」

私は個人的に彼を雇いたかったのですが、彼の1時間のセッションの料金は5000ドルでした。当時最低賃金のゴルフ場の芝刈りの仕事をやっと得ていたような私にはとても手が届く金額ではなかったので、別の方法をとることにしました。

彼の出版したすべての書籍、音声プログラム、自宅学習プログラムを買い、吃音が治るまで6カ月間毎日数時間ずつ学習を続けました。

その結果、吃音の原因を突き止め、改善へのプロセスを理解し、吃音症を治すことができました。

これが人生の中で起こった私にとっての最高の変化の1つとなりました。

私の吃音症の原因は、私の父が母を殺したことによってトラウマを抱えてしまい、その結果私が陥ってしまった恐怖心によって引き起こされたものであるということです。

言葉を話す能力を上げようとするのではなく、感情のコントロール法を学ぶことによって、吃音症を克服することができたのです。

誰も教えてくれない変化の法則

同時に、この出来事は私のコーチングのキャリアのはじまりでもありました。

私の兄は私が完璧に話すのを聞いてとても驚きました。彼は驚きすぎて、自分の友人たちを連れてくるようになり、私は急激な変化をもたらす方法を小さなセミナー形式で伝えるようになったのです。私の友人のアル・レクレアは私をコーチとして雇いました。

これらすべてのことが20代前半で起こりました。

私は学んだ新しい変化の技術を使って兄の禁煙を30分もかからずに助けました。今日まで20年間兄は喫煙していません。

私が20年をかけて改良しつづけたこの変化の法則こそ、私が世界中のほかのコーチたちと異なる点なのです。

それ以外には何が違うのでしょう?

私は戦略家なのです。つまり、世界で最も成功している人々が使う成功の実証された法則をモデリング（模倣）するということです。

ブライアン・トレーシー、ジャック・キャンフィールド、ドナルド・トランプ、リチャード・ブランソン、その他大勢の億万長者の成功法則をモデリングし、再現してきました。

そして、私がコーチングをしたクライアントにもその方法を教え、それは素晴らしい変化をもたらしました。

前置きが長くなってしまいましたが、私自身が吃音症を一瞬で克服し、兄が禁煙に成功したエピソードから、これから私が説明する次の4つの障害の克服方法のヒントを得られるはずです。

◎ビジュアル。
◎恐怖。
◎外的要因。
◎言葉。

なお、この4つの中のいずれか1つの障害を持っている人もいれば、すべての障害を持っている人もいます。そのうち、1つでも破壊することができれば、あなたの行動の突破口は大きく開かれるはずです。

ですので、今あなたが抱えている障害がどれなのかを考えながら読み進めてください。

大きすぎる、小さすぎるチャンクという障害

――「ビジュアル」を切り分ける

大きすぎるかたまりでは行動できない

†ビジュアル

まずは「ビジュアル」をいかに攻略するかについて考えてみましょう。ここでいうところのビジュアルには、物理的な見た目や重さはもちろん、時間や作業量、工程などの精神的な負担の大小も含めて考えます。負担を感じすぎると見るからにやる気をなくし、あるいは聞いただけで辟易してしまい、行動が億劫《おっくう》に感じるものです。

学生時代に勉強をしたことを思い出してください。

たとえば、300ページもあるずっしりした問題集に取り組むとします。見た目にもとても分厚く、問題もじつにたくさん出題されています。その膨大にも感じられる量に圧倒されてしまい、負担に感じ、思わず面倒だなとか、明日からやればいいやと思い、取り組

むことを先送りしてしまう。誰でも、これに似たような経験があるかもしれません。

しかし、まとめて大きなチャンク（かたまり）として見てしまうと膨大な量に感じるかもしれませんが、1日に1ページを終わらせる、というチャンクで見れば負担にも感じませんし、これを習慣にすれば1年もかからずに1冊を終えることができます。

より早く終えたければ、1日2ページやれば約6カ月間、1日3ページやれば3カ月後には終えることができるのです。

このように、大きすぎるチャンクで見ることなく、自分が過剰に負担を感じることなく、これなら取り組みやすいと感じられるまで、チャンクダウン（かたまりを小さくバラす）することがポイントです。

はじめの勢いをつくり出すことができれば、行動することが快楽になってきて少しずつ取り組む量を増やしていくこともできるでしょう。

大きなイベントをスケジュールに落とし込むことの危険性

私のクライアントの例をお話ししましょう。私のコーチ認定コースに参加して、プロのコーチとして独立して成功する、というゴールに向けて行動していた人です。

あるコーチングセッションのとき、彼は自分の立てたプランが思ったように進捗していないことにネガティブな感情を抱いていました。

問題はＷＥＢサイトの制作でした。彼は自分のコーチングビジネスのＷＥＢサイトを制作しようとしていたのです。

しかし、ＷＥＢサイトを制作するための具体的なアクションプランが何もありませんでした。彼のアクションプランには、「ＷＥＢサイトを制作する　□月□日」という期日しか書かれていませんでした。

彼はＷＥＢサイト制作という課題に過剰な負担を感じていました。必要な準備が多いことはわかっていましたが、そのくせ何をすべきかが不明確だったため、どうにも手をつけられませんでした。しかも、期日が近づくにつれて、制限時間は減る一方なのに、目の前のチャンクは日ごとに膨らんで見えるようになります。そして、とうとう混乱してしまったというわけです。

そもそも彼は、期日どおりにＷＥＢサイトの制作を進める能力がない人だったのでしょうか？　そんなことはありません。彼はとても知的で能力の高い人です。ではなぜ？

問題は明らかでした。ＷＥＢサイトの制作という課題を大きすぎるチャンクで見ていたことです。

象を食べるのなら一口ずつ

彼に必要だったのは、WEBサイトの制作という大きなチャンクを、いくつかの適切なチャンクに分けて考えることだったのです。

「象を食べるのなら一口ずつ」というアフリカの格言のように、大きすぎるかたまりではなく、取り組みやすい適切な大きさに切り分けてから取り組むことが必要です。

WEBサイトをつくる場合、コンセプト、キーメッセージ、ページ構成、原稿の準備、デザイン、オファー、写真、ドメインの準備など、やるべきことはたくさんありますが、それらを漠然としたかたまりとしてとらえるのではなく、1つずつのタスクとしてバラして考え、それぞれの得たい結果、プロセスを明確にすれば断然行動に移しやすくなります(図11)。

もし私だったら、自分で試行錯誤することなく、WEB制作で卓越した結果を出すことができる人やスクールなどを探し出し、そこから成功への近道を学び、複製します。プロローグでお伝えした3つ目の道、コーチングの道ですね。

まわりでWEB制作について教えてくれる詳しい人を探して教えてもらうか、本などか

図11　チャンクダウン

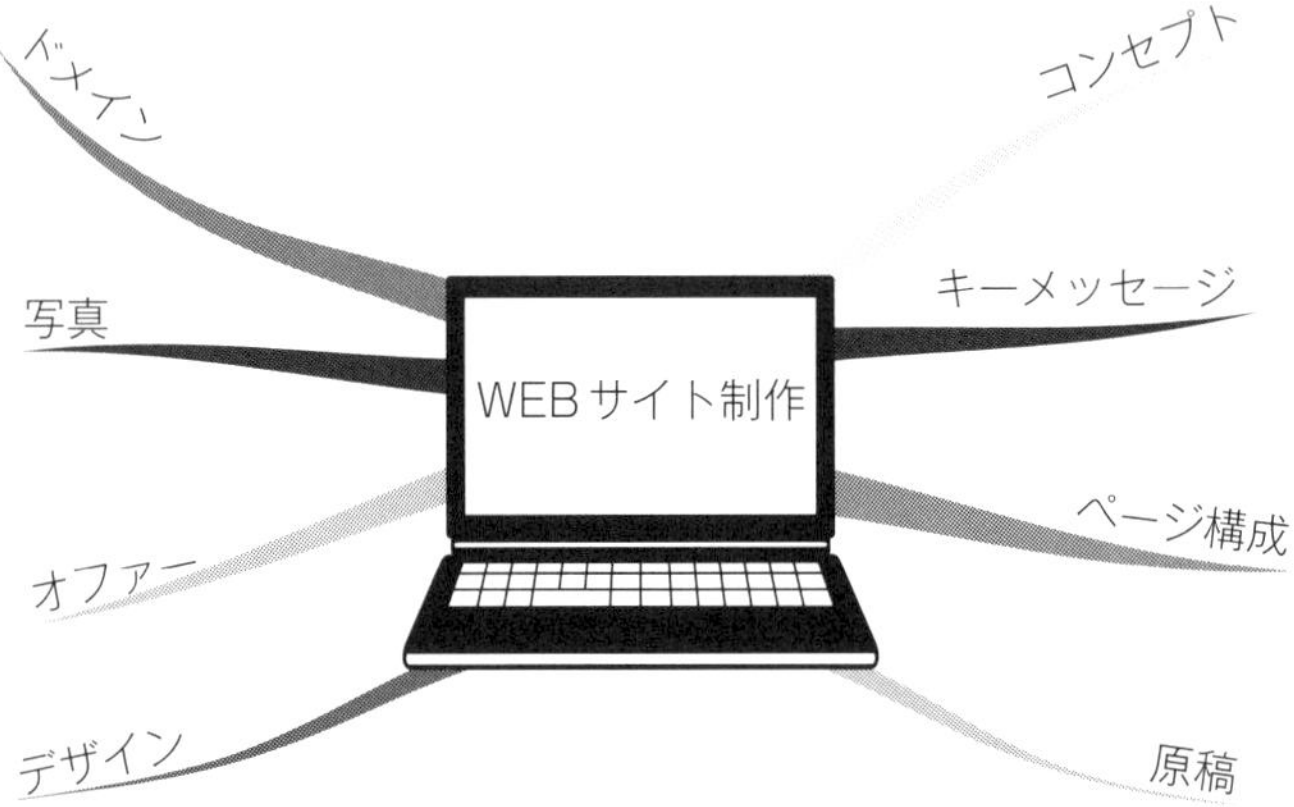

ら学ぶのもいいでしょう。まずは手本となるものを見つけることです。もし、あなたがＷＥＢサイトの制作に精通していないならば、自分１人で試行錯誤を繰り返して進めることはおすすめしません。

ＷＥＢ制作というチャンクを、適切な大きさにバラして、やるべきことを明確にしていくことが重要です。

もしかしたら、チャンクをバラしていくことを難しく感じる人、混乱する人がいるかもしれません。

大きな課題を適切な大きさにチャンクダウンするために、ここで自分にすべき重要な質問は、「この結果を得るための、キーとなる要素はなんだろう？」です。

ある目的を達成するためにはいくつか

の要素があるはずです。まずは要素ごとにバラしていって、やるべきことが明確で、すぐに行動に移せると感じることができるレベルまでさらにバラしていくことです。マインドマップなどの思考ツールを活用してもいいでしょう。

明確さは力です。こうした準備をし、適切な大きさに分けて考えることで、結果的にすぐに行動へと向かっていくことができるでしょう。

細かくしすぎても行動できない

逆に、行動を小さすぎる破片としてとらえても問題が起こります。

私は都心部から少し離れた閑静なエリアに住んでいます。

髪をカットしたいとき、車に乗って、町の大きなショッピングセンターまで運転し、駐車場を探して車を停め、美容院まで歩いて行く必要があります。車に十分な量のガソリンが入っていない場合は、途中で給油する必要もあります。

腕のいい美容師さんにカットを担当してほしいと思いますが、その人は人気があるので、だいたいの場合は待つことになります。

自分の順番がやってきたら、髪型について話す必要がありますし、美容師さんはいつもたくさんしゃべりかけてくるので、それに答えないといけません。

カットが終わったら、また駐車場まで歩いて車に乗り、運転をして帰ってこないといけないのです。

実際に出かける前にそのような想像をしていると、出かけることがなんだかとても面倒に感じてきます。

私はガントチャート（プロジェクト管理などを視覚的に表現したスケジュール表のようなもの）をつくって仕事やフィジカル面の管理をしています。頭の中が整理され、規則正しい生活をサポートしてくれるので非常に重宝しています。

しかし、ガントチャートのつくり方を覚えたてのころは、ルーチンでやっているような仕事についてもいちいちプロジェクト化し、杓子定規《しゃくしじょうぎ》にマイルストーン（プロジェクトのフェーズの基準点）やタスクにまで切り分けて入力してしまい、たいした負担に感じていなかった仕事のはずなのに、「あれ？　こんなにやることが多いのか！」と逆に圧倒されてしまうという本末転倒な失敗をしたものです。

先ほどの例でいえば、1日に問題集を1ページ終わらせるというかたまりから、さらに細分化していって1時間当たり何問解く、1問何分ペースで解く、というレベルまでバラしていくと、人によっては想像するだけで疲労感やめんどくささを感じてしまい、やる気を失う可能性があります。必ずしも細かくバラすことだけが正解とはいえないのです。あくまで適切なサイズのかたまりにしてとらえることが大切なのです。

では、適切なサイズというのは、どのようなサイズなのでしょう？

それは人それぞれで異なります。行動に向けて、これならやれそうだ、という確信の感情が得られる程度のかたまりでとらえるのがポイントです。

大まかすぎるときはチャンクダウンして、細かすぎるときはチャンクアップしてかたまりの大きさを調整し、これなら行動できそうだ、という確信を得られる適切なチャンクを探しましょう。できる、やろうという感情が生まれることが大切です。

1時間vs.10分

時間についても、どのようなチャンクとしてとらえるかが重要です。これは、第2章で紹介した快適領域の広げ方を思い出せば簡単に理解できるはずです。

運動の習慣がない人が、ある日突然思い立ち、毎日ジョギングを1時間やろうと思ったとします。この場合、どんなことが起こりうるでしょう？　もちろん、いきなりこのことによってジョギングが習慣となり、すっかりうまくいくという場合もあります。

しかし、1時間というチャンクがあまりに大きすぎるように感じ、圧倒されて、ジョギングすることに痛みを連想するようになり、何日もしないうちにやめてしまうということは珍しくありません。

チャンクを分割するという考えに従い、まずは時間のかたまりを小さくして、毎日10分ジョギングするという単位ではじめたとします。10分という単位まで小さくして考えることで、それほど負担や苦痛を感じずにすぐに行動に移すことができます。

もちろん運動の効果としては、1時間やるより10分やるほうがずっと小さいのですが、たとえ10分だとしても、まずは実際に運動をはじめることが重要です。そうすれば、あとは快適領域、つまりは自分の限界値を少しずつ広げていけばいいだけです。

1週間ごとに5分ずつ時間を増やしていけば、およそ2カ月後には当初の目標の1時間に到達します。そしてここまで続けられたなら、1時間といわず、さらに時間を増やすことだって、さして苦痛にはならないでしょう。

筋肉を伸ばすストレッチと同じです。はじめはすぐに痛くなってしまって、あまり動かせる範囲が広くなかったとしても、繰り返すうちに少しずつ動かせる範囲が広がっていくのです。はじめは小さな一歩でも、それは偉大な一歩です。一歩であれば、すぐに踏み出せるはずです。

あなたの想像の中に出てくる障害

――「恐怖」を吹き飛ばす

怖いから行動できない

失敗に恐怖を感じること自体は決して悪いことではありません。その感情は、必要な準備、対処を十分にするよう私たちに警告しているからです。しかし、過度に恐怖を感じることは、行動することに痛みを結びつけ、現状を維持することに快楽を連想するようになります。

私のクライアント、ミシェル・レ・クレックは、大学でＭＢＡを取得してキャリアを築き、シティバンク、スタンダードチャータード銀行、ＤＢＳ銀行の３つの大手銀行に10年以上勤めていました。彼の年収は10万ドルをはるかに超え、加えてボーナスがあったので、10年間で１５０万ドルを貯蓄しました。

この数年間、ミシェルは自分でビジネスをはじめたいと考えていたのですが、失敗への恐れによって動けなくなっていました。

「もし自分でビジネスをはじめて失敗したらどうしよう。自分の家族にストレスを抱えさせてしまうのではないか？」と考えたのです。

このような想像をすると、失敗への恐怖を感じます。その結果、彼には素晴らしいビジネスアイデアがあったにもかかわらず、行動を先送りしていました。

新しいビジネスをスタートさせて失敗するという恐怖を避け、銀行の仕事とすでに貯蓄していた150万ドルをとにかく維持することに安心感を抱いていたのです。

さらに、彼のまわりの知人が、リスクを冒すよりも安全な場所にとどまるよう彼に忠告したのでした。

しかし、彼はあるセミナーに参加したときに一瞬で変わりました。

ほかの参加者に「起こりうる最悪の状況は何ですか？」と尋ねられたときのことです。

彼は「全財産を失い、家族をつらい目に合わせるかもしれない」と答えました。

その会話の中で相手は、「もしやらなければ、最終的に何を犠牲にすることになりますか？」と質問を続けました。

ミシェルは、「自分が臆病者だと感じ、後悔するでしょう」と答えました。

やや間を置いたあと、相手は「あなたは死ぬわけではありませんよね？」と言いました。

それでもなおミシェルは自分自身にとっての結果ではなく、ビジネスの失敗が家族にもたらす結果をとても心配していました。

「あなたがリスクを冒しても問題がないか、自分のビジネスアイデアを進めることについて家族に話したことがありますか？」

相手はさらに質問を続けました。ミシェルはそれまでに家族に相談したことがなかったので、話し合うことにしました。大きな一歩が生まれた瞬間です。

すると、驚くことに彼の家族はそのビジネスをやってみるようにすすめたのです。

彼はビジネスをスタートさせ、大成功を収め、想像以上の大金を稼ぐことになりました。そして今、テレビで目にする有名人のようなライフスタイル、理想の人生を歩んでいるのです。

それぞれの子どもの教育に１００万ドルを費やし、世界トップクラスの学校に通わせています。何よりも家族はとても幸せで、ミシェルがビジネスを成功させたことに感謝しています。

イメージを何度でも思い浮かべる　†ビジュアライゼーション

ミシェルの例から、私たちはどんなことが学べるでしょう。

かつてのミシェルの問題は、現実に起こったことではなく、まだ見ぬ悲惨な結果を想像して、過度に自分を怖がらせていることでした。

恐怖を大きく2つに分けて考えてみましょう。「体験して感じた恐怖」と「まだ見ぬ可能性に対する恐怖」です。

前者は、前述した子どものころのトラウマで吃音症になった私が感じた恐怖です。しかし、同様のことがまた起こる可能性はありません。本来、もう感じる必要のない恐怖というわけです。そして後者がミシェルの感じた恐怖です。

いずれの恐怖も現在進行形で襲いかかっているものではありません。記憶の中、あるいは想像上のものです。他人の痛みを想像する感受性は人間としてなくてはならないものですが、過度に自分で自分の悲惨な未来をつくり上げ、それに対して恐怖におののく必要などありません。

「起こりうる最悪の結果はなんだろう？」

「私はそれに対処することができるだろうか？」

この2つの質問に満足な答えが得られるまで十分に準備をすることは大切です。

あとはこうなったらイヤだな、困るな、という避けたいことばかり想像するパターンは手放しましょう。ミシェルは家族に相談することさえも恐怖心からできませんでしたが、実際には背中を押してもらえました。同様に、心配とは裏腹にあっけないほどうまくいく場合だってたくさんあります。小さな思い込み、恐怖でブレーキをかける必要はありません。

そして、自分の向かいたい、実現したい姿をイメージすることが大切です。自分のやり遂げた姿、そのときの状況を何度も何度もイメージするのです。

こうしたことをビジュアライゼーションといいます。私は成功するためにこのビジュアライゼーションの力を大いに活用しました。ぜひみなさんも毎日、できることなら1日に何度でも、ビジュアライゼーションを行いましょう。

ボディビルの伝説的なチャンピオンであり、誰もが知る人気映画スター、そしてカリフォルニア州知事まで務めたアーノルド・シュワルツェネッガーは、このように言っています。

「私にとって目標を設定し、達成するためのカギはビジュアライゼーションだ。つねにそこからはじまる。自分が達成したいイメージを頭の中に描く。そして、それがすでに実現したと想像するのだ。そうすると、目標到達はたやすくなってくる。なぜなら、自分がそうなりたいと思うことがはっきりとわかっているからだ。あとはただ、それに向かって時間を使い、励むだけだ」

ゴール達成をリアルに感じる

対象が何であれ、フォーカスするものによって感情はコントロールされます。しかし、単にフォーカスの対象そのものだけではなく、どのようにフォーカスするかも重要なのです。

多くの人は十分に鮮明に成功をイメージできない状態でゴールをビジュアライゼーションしようとします。いかにサブモダリティーを使ってゴールをビジュアライゼーションするかが重要です。

ビジュアライゼーションは臨場感が大切なのです。

人はモダリティーといわれる視覚、聴覚、身体感覚を通じてこの世界を知覚しています。

さらに、それぞれのモダリティーには、認識のためのいくつかの要素があります。

視覚：色、形、明るさ、鮮明さ、動き、距離など。

聴覚：音の大きさ、音の高さ、音のスピード、リズム、音の聞こえる位置など。
身体感覚：温度、湿度、感触、形状、重さ、圧力など。

これらの要素をサブモダリティーといいます。つまり、モダリティーは何を「見ているのか（視覚）」「聞いているのか（聴覚）」「感じているのか（身体感覚）」の要素であり、サブモダリティーはそれぞれをどのように聞いて、どのように感じているのかを示す要素です。

私は毎日ゴールをビジュアライゼーションしています。

効果的にゴールをビジュアライゼーションする秘訣は、映画館が行っているのと同じようにサブモダリティーを使うことです。映画館で流れるのは画像ではなく〝映像〟です。しかも、テレビで見るよりもずっと大きな画面、スクリーンです。さまざまなシーンが、色彩鮮やかに表現されています。そして、身体を震わすほどの高品質の音響がさらに観客の気持ちを盛り上げます。

ビジュアライゼーションでは、「ゴールをすでに達成したとどのようにわかるのだろう？成功を証明するものは何だろう？」と、ゴールをすでに達成したものとしてとらえることが大事です。ゴールテープを切る瞬間の〝画像〟を思い浮かべるのではありません。

そのときの息遣い、疲労、心地よい風、一緒に競った2位や3位の選手たちとの握手、手の感触、ヒーローインタビューに来る記者たち、そして観衆の大歓声……。

さらにゴールを達成した自分に対して自分は何と言ってあげるかを想像してみてください。声をより大きくして、心地よいトーンにしましょう。声に出して言ってもいいのです。自分の感情をゴール達成したという勝利と完全に結びつけるのです。

満面の笑みを浮かべましょう。成功を収めた今、どのように呼吸をしているかに気づきましょう。そして、成功者の姿勢をとりましょう。

さて、ゴールを達成した今、どう感じますか？

このビジュアライゼーションをしている人と、音も感情もまったく表さず、遠くから見た薄暗いゴールの〝画像〟を思い浮かべる人と比べてみましょう。

ビジュアライゼーションを効果的に活用していないとゴールを達成するのは難しくなります。なぜなら、ゴール達成に必要な感情を何も持っていないからです。

効果的なビジュアライゼーションとは、すでに成功した自分自身を想像しながらワクワクすること、さらには有頂天になることです。

フォーカスを奪う誘惑という障害

——「外的要因」をシャットアウトする

8時間労働のうち、何時間を無駄にしているか?

多くの人たちを足踏みさせる3つ目の障害はフォーカスの欠如です。

あなたの1日を振り返ってみてください。

出社時刻ギリギリになってタイムカードを押し、一息ついてコーヒーを飲み、1時間に一度はタバコを吸いに行き、やおらメールの確認をしつつフェイスブックもこっそりチェック。午後は社内の定例ミーティングに出席し、それが終わったら翌日のプレゼンに向けてパワーポイントで企画書作成、夜は交流会があるからと夕方には直帰……。

結局、1日の成果は、翌日の午前中に完成させることにした中途半端な企画書と、交流会で知り合った顔も思い出せない人たちの大量の名刺のみ。仕事をしているようでいて、気づいたらほとんど何もしていない……。

こんな日があるというビジネスマンは多いはずです。

たまにだったらまだマシといえますが、これが習慣化している人もたくさんいます。じつは私たちは、数十年前と比べて、フォーカスを失ってしまうトラップが多い時代に生きています。

電話やテレビはもちろん、インターネットの発達によってメールやフェイスブック、LINEなどのSNSサービス、ユーチューブなどの動画サイトやネットサーフィンなど、私たちの注意を引いてしまうものが周囲に氾濫《はんらん》しています。「連絡ツールが発達した今の時代、電話というのはもはや時間を奪う暴力だ」などと言う人さえいます。極論だとは思いますが、気持ちはわからないわけではありません。

ともあれ、これら外的要因のせいで、本来その時間に集中すべきポイントからフォーカスを失い、いつの間にか日が暮れ、後悔しているという人もいるでしょう。

フォーカスを失うことは、生産性を下げ、本来やるべきことを先送りする大きなきっかけとなります。

こうしたことは、私も含めて誰にでも経験があることでしょう。

集中できる環境は自分でつくれる †情報断食

人には1秒間に約200万ビットもの情報が五感を通して伝わってきます。しかし、そのうちの134ビットの情報しか処理することができないそうです。1パーセントに満たないものしか処理できないのですから、何にフォーカスするかは重要な問題です（図12）。

外的な影響によるフォーカスの欠如には、1日の中で集中して作業に取り組む時間を予定しておき、その時間は電話やメール、そのほかのメッセージに対応しないで集中して作業に取り組み、求める結果にフォーカスするということも有効です。

午前中9時から11時までの2時間は、電話やメッセージなどに一切対応せず、集中して物事を考えたり、プランをつくる時間に当てる、などです。

ただし、頭の中で「そうしよう」と決めるだけではなく、実際に自分の予定を管理しているカレンダーなどにも予定を書き込んで、時間をブロックし、自分との約束事にしましょう。

コンピュータを使って何かをする場合、使用するソフトウェア以外のすべてのアプリケーションを終了させ、通知をオフにして取り組むことも有効です。

図12　人間の処理能力

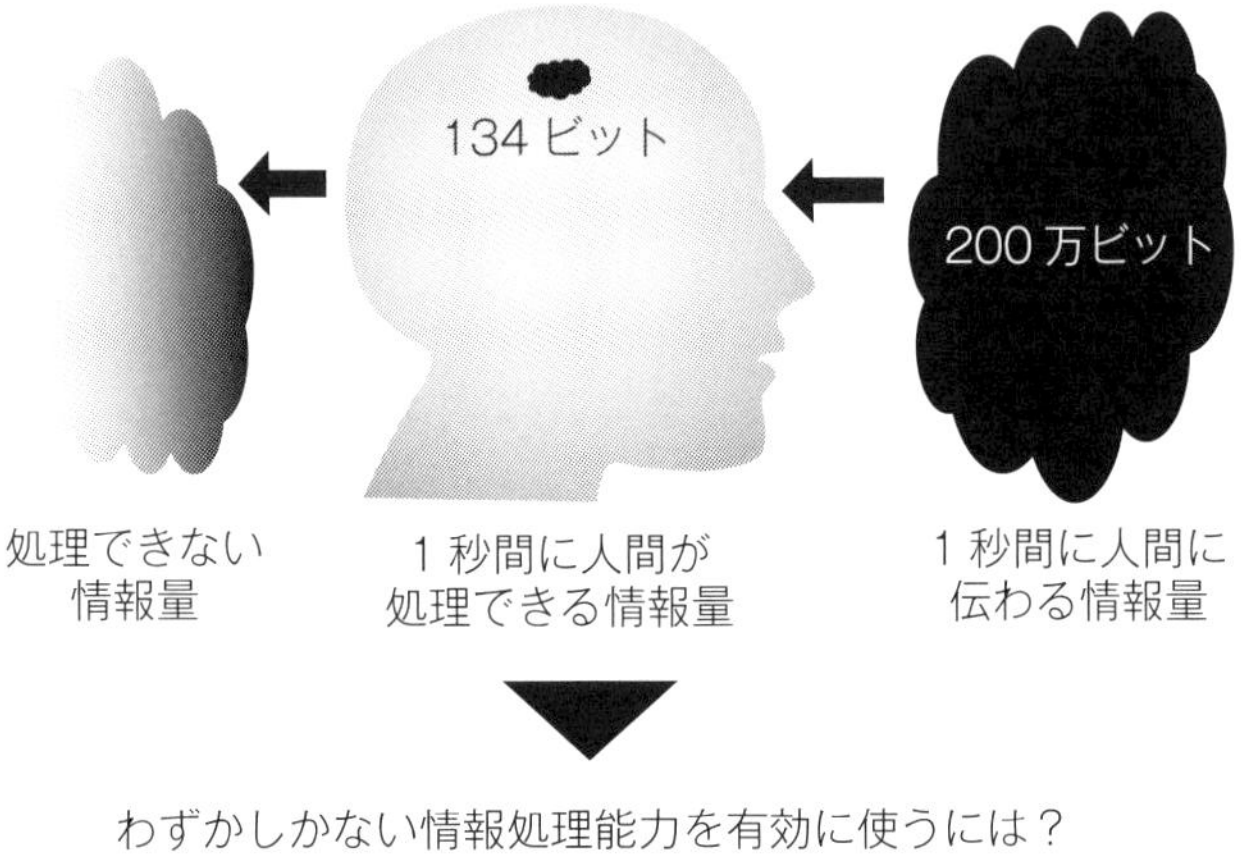

ＳＮＳやネットサーフィンなどを楽しむときも、あらかじめ一定のルールを決めておかないと、一度ハマり出すと際限なく続けてしまいます。

私の家には小さな子どもが４人います。今まで自宅の書斎で仕事をしていると、子どもたちがやってきたり、子どもたちの立てる大きな音にしばしば集中力を欠いて仕事を中断させられていました。そこで、仕事に集中できる環境を整えるために、敷地内に新しい建物を建て、そこをオフィスとして使うことにしました。

こうして集中することができる環境を整えたことで、以前に比べて明らかに集中して快適に仕事に取り組めるようになり、生産性も飛躍的に向上しました。

フォーカスを生み出すコンディショニング

私は、徹底的に自分をコンディショニングすることで必要なフォーカスを保っています。

フォーカスは質問から生み出されます。

もし「昨日の夕食は何を食べましたか?」と質問されれば、ただちに昨日の夕食の献立を思い出そうとするはずです。どんな質問であれ、質問によって私たちのフォーカスはコントロールされるのです。

第1章でも紹介しましたが、以前私はつねに得たい結果に自分のフォーカスを向けるために、「今、私の得たい結果は何だろう?」という質問が1時間に1回通知されるようにiPhoneを設定していました。

集中力を欠いて関係ないことに気をとられていたり、だらだらしてしまっているときでも、この質問が通知されることで、自分がやると決めていることにフォーカスを向けて、フォーカスの欠如を防いでいたのです。

長い間こうしたことを繰り返していたので、今ではiPhoneの通知を設定していませんが、いつも自分に「私の得たい結果は何だろう？」と質問することがすっかりクセになっています。

そんなフォーカスを生むルールが身についている今でも、「私の得たい結果は何だろう？」という質問が書いてあるリストバンドをつけています。

この質問をつねに目につくようにすることで、必要なフォーカスを生み出しているのです。

ぜひ、あなたも失いかけたフォーカスをもとに戻すためのルールを手に入れてください。ここでいうルールというのは、第3章で紹介した「Aという条件が満たされたとき、Bという感情を持つ」という条件反射的なものです。

私のようにｉＰｈｏｎｅやリストバンドでなくてもかまいません。「この音楽を聴くと、仕事がはかどる」というような、あなたなりのルールを決めることが大切です。

先送りさせる口癖という障害
──「言葉」を書き換える

行動できないのは性格が原因ではない

「わからない」「ただ○○なだけ」「できない」「難しすぎる」「明日やるよ」「それほど悪いわけではない」「でも、」……。

あなたは1日にどれくらい、これらの言葉を口に出すでしょうか？　あるいは頭の中で考えてしまうでしょうか？

じつは、クライアントから一番多く寄せられた問題は、性格がネガティブでついこのような言葉を頭に思い浮かべてしまうという悩みでした。

しかし、そういう人たちと話していると、ネガティブどころかいつも冗談を言っているような明るい人がいることも珍しくありませんし、夢も目標もあってむしろ前向きな人なのではないかと感じることも多々あります。

実際のところ、彼らは単に自分のことをネガティブな性格だと思い込んでいるだけなのです。性格がネガティブなのではなく、ネガティブな言葉を頭の中で唱えたりする自分を知っているから、自分の性格を誤解してしまうのです。つまり、行動できないのは性格ではなく言葉が原因なのです。

すぐに行動せず、行動を先送りする人々には、先送りを引き起こすきっかけとなる、共通する口グセのようなものがあり、その代表が冒頭にあげた言葉です。

もし、このような言葉を使ったとしたら、私たちはどのような感情を持つでしょう？

このような言葉を日常的に無意識に使うクセがついていると、自分を自然と行動から遠ざけるようになってしまいます。


言葉は感情を生み出します。

感情は行動を生み出します。

行動は結果を生み出します。


悪い言葉を使うことは悪い感情を生み出し、悪い行動を生じさせ、悪い結果をもたらします。そして悪い結果という経験は、さらに悪い言葉のパターンを強化することになります。怠惰や、弱さといった感情を持ちはじめ、たちまち行動への決断、確信、推進力が弱まってしまいます。

これが日常的なクセになってしまっていたとしたら、先送り自体がクセになってしまいます。

事実ではない情報に振り回される愚

さらに、行動をよく先送りをする人は共通した言い訳のストーリーを持っています。

「やるべきだとは思っているんだけど……」「前にやってみたことがあるけど、うまくいかなかった」……。

これでもかというぐらい、「できない」理由を正当化しようとします。もちろん、検証するわけでもなく、ただ想像するだけなのです。

たとえば、会社で新しい営業戦略が実行されることになったとします。すると、一部の人はこう言うかもしれません。

「それはうまくいかないよ。きっとお客さんが求めていることではないし、喜ばないだろうし、もう競合する企業がやっているかもしれないし……」

ここでの問題は、どれもこれも想像であり、事実ではないということです。先述した「恐怖」と同じです。

冷静に考えれば、事実でない情報に振り回され、結局行動しないことのバカバカしさに気づくはずです。

もし、あなたの言い訳ストーリーがパターン化しているとしたら、次の2つのストーリーをイメージしてみてください。

1つはすぐに行動し、理想の人生を実現させていくストーリー。もう1つは先送りを続け、どんどん状況が悪くなり、非常に難しい人生を生きていくストーリー。

自分の人生でどちらのストーリーを採用したいかを考えてみてください。

あなたは暗闇を照らす光だ！ †メタファー

メタファーとは、「人の一生とは、まるで四季のようなものだ」などの、イメージを喚起するようなたとえの表現です。

「私は暗闇を照らす光だ」など、よいイメージを引き出すメタファーは、私たちに力を与えてくれ、感情を前向きにする効果が得られます。

しかし、力を奪うような悪いイメージを引き出すメタファーもあります。

「霧の中にいるようだ」「暗闇の中にいる」「見通しは暗い」「身体が鉛のように重い」「鎖でつながれているようだ」……。

このようなメタファーを使ったとしたら、たちまち自分の感情に悪影響を与え、行動への力を奪うことでしょう。

これらがパターンになっていると問題です。

メタファーは、力が感じられるようになるまで変えていかなければなりません。

たとえば、「私は今、まるで暗闇の中にいるようだ」というメタファーを使っていたとすれば、「私は暗闇を照らす光だ！」という表現をすることで自分をリソースフルな状態にしてください。絶望の淵から蘇り、難敵を倒して輝かしい栄光を手に入れた、などというお気に入りのハリウッド映画のストーリーと自分を重ね合わせてもいいでしょう。

私は最近、よりエネルギーレベルを上げるために、ダイエットに取り組みはじめました。専門のヘルスコーチを雇ってプランを立て、そのプランに従って行動しています。

行動プランの中には、週に1回のファスティング（断食）が含まれています。はじめたとき、このファスティングが苦痛に感じられました。

そこで私はファスティングという行動を橋にたとえて考えてみました。

橋の反対側には体脂肪率の低い、エネルギーに溢れた身体の自分がいて、こちら側にはお腹が出ている自分がいるイメージをしました。すると、このメタファーは私に強力な力を与えてくれました。週に1回ファスティングをするというミッションが、橋の向こう側で堂々と胸を張る自分に近づくための非常に重要な一歩であると感じられたのです。

もし、ファスティングの日を「地獄のような1日だ」と考えていたら、耐え難い痛みを感じ、つい逃げてしまうか、こっそり隠れてジャンクフードを頬張っていたかもしれません。

自分のパターンに気づく

すぐに行動する自分になるには、まず自分によくない感情をもたらす悪いパターンを特定することがすべてのはじまりです。

逆にいえば、まず自分に悪い状態をもたらしている要因となっている特定のパターンを見つけない限り、改善することができません。

すべての変化は、それまでの悪いパターンを中断するところからはじまるのです。

どんな人でも自分ではよく見えないブラインドスポットがあります。ですので、なかなか自分のパターンに気がつくのは難しいものです。意識しなかったらもちろん、意識してもそう簡単に特定できるものでもありません。

そのため、私は今でもそのときどきで自分の成長させたいテーマによって専門のコーチを雇い、自分を改善していくことに役立てています。

ただしポイントは、自分というポジションを抜け出して、客観的な視点で自分のパターンを観察してみることです。ですので、次のような方法であれば、十分にセルフコーチングができます。

◎考えを書き出す。
◎日記を書く。
◎録音、録画する。
◎瞑想する。

思考のプロセスを一部始終書き出してみると、見返してみたときに思わぬ発見をすることがあるでしょう。

同様の理由で日々日記を書いてみることもおすすめです。

ほかにもプロセスを声に出してボイスメモを録り、あとで聞いてみるのもいいですし、誰かとの打ち合わせを録音、録画しておいて自分のパターンを客観的に観察してみることもおすすめです。

私はこれらに加えて、瞑想して自分の内側を観察することもよくやります。

これらの方法を実践してみると、自分がやるべき仕事を先送りしようとしているときの口グセや特定のパターンに気がつきます。この口グセは、口に出して言っているものも、頭の中で言っているものも含みます。

たとえば、「難しすぎる」というパターンを自分の中に見つけたとしましょう。

難しすぎると言ったり、思ったりしたとたん、実行することが億劫に感じられ、怠惰な感情を持ち、明日にしようかな、などと先送りをしてしまうのです。

悪いパターンを中断してくれるバカバカしい言葉
†「難しすぎるにゃー」

特定したパターンについては、すぐに中断しなければなりません。

この悪いパターンを中断する方法をご紹介しましょう。ぜひ実際にやってみてください。

右手でも左手でもいいので、人差し指を出します。

そして、その指をどちらかの鼻の穴に入れてください。その状態のまま、ミッキーマウスのような高い声でこう言ってみてください。

「難しすぎるにゃー」

これを、自分の脳がこんなことバカバカしくて信じていられない、やっていられない、と感じられるまで、何度も何度も繰り返します。

気分は変わりましたか？

億劫、怠惰といった感情から、違った感情が持てれば成功です。ほとんどの場合、10回もやらないうちにすっかりバカバカしく感じられることでしょう。

「難しすぎる」の確信の度合いが高い場合、「簡単すぎる」で打ち消すのは容易でないこともあります。しかし、「難しすぎる」を「バカバカしい」と感じることができた瞬間、「難しすぎる」と感じるパターンが壊れます。

大丈夫です。あなたのように知的な人ほど言霊に操られるからです。脳はそのパターンを再生しようとしなくなります。

そのとたんに何が起こるかというと、自分の思考がストップし、新しい視点で問題解決策を探れるようになるのです。

「難しすぎる」という制限された前提のもとで考えても、どのようなアドバイスも情報も活かすことができません。

しかし、制限のない状態でいることによって、思いがけず自分のすぐそばにあったヒントを手に入れられるのです。

新しいパターンをインストールする方法

古い、先送りを生み出していた悪いパターンを特定しそのパターンを中断させたら、そこで終わりではありません。次に自分に力を与え、自分を行動に向けさせる新しい言葉をクセにしていくことが必要です。

自分を行動に向けさせてくれる、力を与える言葉には、次のようなものがあります。

◎知っているとしたら、何をするか？
◎私は答えを持っていると知っている！
◎理想の人生を生きるために何でもやっている！
◎今すぐにやらなければならない！
◎私は「実際に行動に移す人間」だ！
◎できないのであれば、やらなければならない！　やらなければならないのであれば、必ずできる！

◎簡単、簡単、簡単！

古いパターンがバカバカしくなったら、今度は確信のこもったトーン、姿勢、表情でこれらの自分に力を与える、行動に向けてくれる言葉を何度も言うのです。

たとえば、先ほどの「難しすぎる」という例の場合、「難しすぎる」という悪いログセ、パターンを特定し、中断することができたら、「簡単、簡単、簡単！」「私はすぐに行動に移す人間だ！」と何度も確信を持って繰り返します。

行動したくなるような感情を持つまで、何度でも繰り返します。

このとき、ただ単に棒読みで繰り返しても意味はありません。重要なのは、確信を込めて言うことです。

このように自分をリソースフルな状態にして、行動に向かっていく状態をつくり出すパターンを身につけ、コンディショニングしていくのです。

これらの言葉は紙に書いて貼り出してもいいですし、コンピュータのデスクトップに設定してもいいですし、紙に印刷したり、カードにして持ち歩くと効果的です。つねに目に触れる位置に置いておくことを心がけましょう。

究極のサクセスツール
†インカンテーション

前項で紹介したように、確信、感情を込めて、自分に力を与えてくれる言葉を反復して唱えることをインカンテーションといいます。

インカンテーションは、もともとフランスの自己暗示療法の創始者エミール・クーエがはじめたものです。クーエは有名なプラシーボ効果を発見した人物です。プラシーボ効果とは、薬でもないはずのものを飲んだのに、効果があるという思い込みによって薬を飲んだときと同じように症状が回復するといった効果のことです。

クーエに関する本を数冊著しているハリー・ブルックスによれば、クーエの治療方法の成功率は93％ほどであったということです。残りの7％の人はクーエのやり方に懐疑的であった人や認めることを拒否した人たちです。

私は、インカンテーションは数あるサクセスツールの中でも最もパワフルなものだと信じています。私の成功はこのインカンテーションなしではありえませんでした。

「思考は現実化する」という考えを耳にしたことがあるでしょうか。アイデアが現実的に実現可能なものであり、そのアイデアについて継続して正しい方法で思考を続けさえすれば、そのアイデアは現実化するのです。

自分に力を与え、自分を行動に向けるよう、自分の脳をコンディショニングするのです。

クーエはこのように言っています。

「人は生まれてから死ぬまで暗示の奴隷です。運命は暗示で決まります。それは不注意でいれば人間を操り人形にしてしまうほど力のある独裁者です。この立場を逆転させ、暗示を訓練し望む方向に誘導することができるのです。それが自己暗示です。私たちは支配権を手中に収め、この最も驚異的な道具を操るのです。自然と宇宙の法則に反しない限り、私たちに不可能なことはありません」

私のクライアントに、不動産を販売する企業があります。この企業の代表であるアンドレス・ピラは、セールスチームのトレーニングと個人コーチングを私に依頼しました。

私はセールスチームのトレーニングの中で、インカンテーションによって自分をピークステート（最高の状態）にして、見込み客とのセールスプレゼンテーションに向かうよう指導しました。

セールスチームは、インカンテーションによって自信に溢れた内面を築き上げ、その状態のままプレゼンテーションをすればよい結果が得られるだろうということを情報として知りました。

しかし、「やったほうがいいとは思うんだけど、時間がない」などと言い訳をしはじめました。

私はコーチングの中で、先に紹介した言い訳パターンをバカバカしく感じさせる方法によって中断し、新しいパターンを何度も何度もインカンテーションしてもらい、コンディショニングしていきました。

結果は言わなくてもわかりますよね。セールスチームはパフォーマンスを発揮し、この企業はエリア3位の売上から1位に成長したのです。

20分間でモチベーションを高める方法

多くの人が私に短い期間で大きな成功を収めた秘訣は何かと質問します。

私の回答としては、成功に向けて最も活用したスキルは、インカンテーションと162ページで紹介したビジュアライゼーションだということです。今でも毎日行っています。

インカンテーション、ビジュアライゼーションは、望む感情を生み出し、行動に向かっていける状態をつくる究極のサクセスツールだと確信しています。

あなたにはこれを情報として知っただけで終わるのではなく、ぜひ実践してそのパワーを活用してほしいと思います。

ここでは具体的なステップをお伝えしましょう。

このステップが頭に入るまで、ほかのページは一切読まなくてもいいので、毎日このページだけは繰り返し読んでください。そう私が強調したくなるほど、あなたを劇的に変化させるステップであることは間違いありません。

ステップ①

20分間のモチベーションを高める習慣を、なんらかの運動と組み合わせるのがベストです。たとえば、リバウンダーで飛び跳ねたり、ジョギングしたり、同時にビジョンボード（ゴールや理想のイメージの写真などを貼り付けたもの。図13）を見ることのできる運動であればさらにベストです。

ステップ②

運動をしながら、自分が望む理想の人生を表すビジョンボードを見て、一度につき1つのゴールとそのゴールの達成から得られる自分へのメリットに集中しましょう。そのゴールをすでに達成した、または成功によって手に入れたメリットを楽しんでいるところを想像しましょう。より想像豊かにするために、「このゴールを達成した今、何が見えるだろう？」と自問してみましょう。

ステップ③

目は閉じていても開けていてもいいですが、すでに成功したと現在完了形で頭の中で画像化（映像化）することが重要です。たとえば、あなたのゴールが月に１００万円を稼ぐことであれば、手に持っている預金通帳の預金額が１００万円であることが見えるでしょう。そしてその画像をさらに大きくし、鮮明にイメージしましょう。

ステップ④

このゴールを達成したとき、あなたは自分自身に何と言いますか？　または、ほかの人はあなたに何と言うでしょう？　もし自分に何か言うのであれば、声に出して言いましょう。もし誰かの声が聞こえるなら、何を言われているのか耳を傾けましょう。聞こえてくる声のボリュームをうんと上げ、クリアに聞きます。

図13　ビジョンボードのサンプル

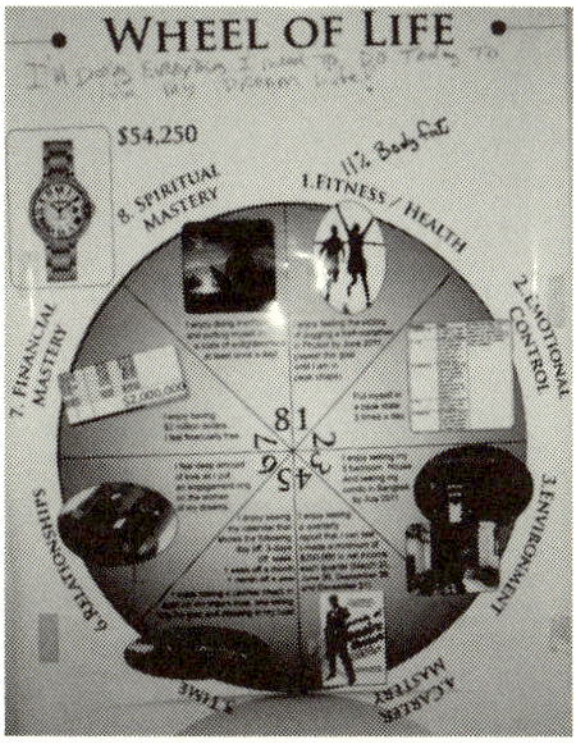

著者作成

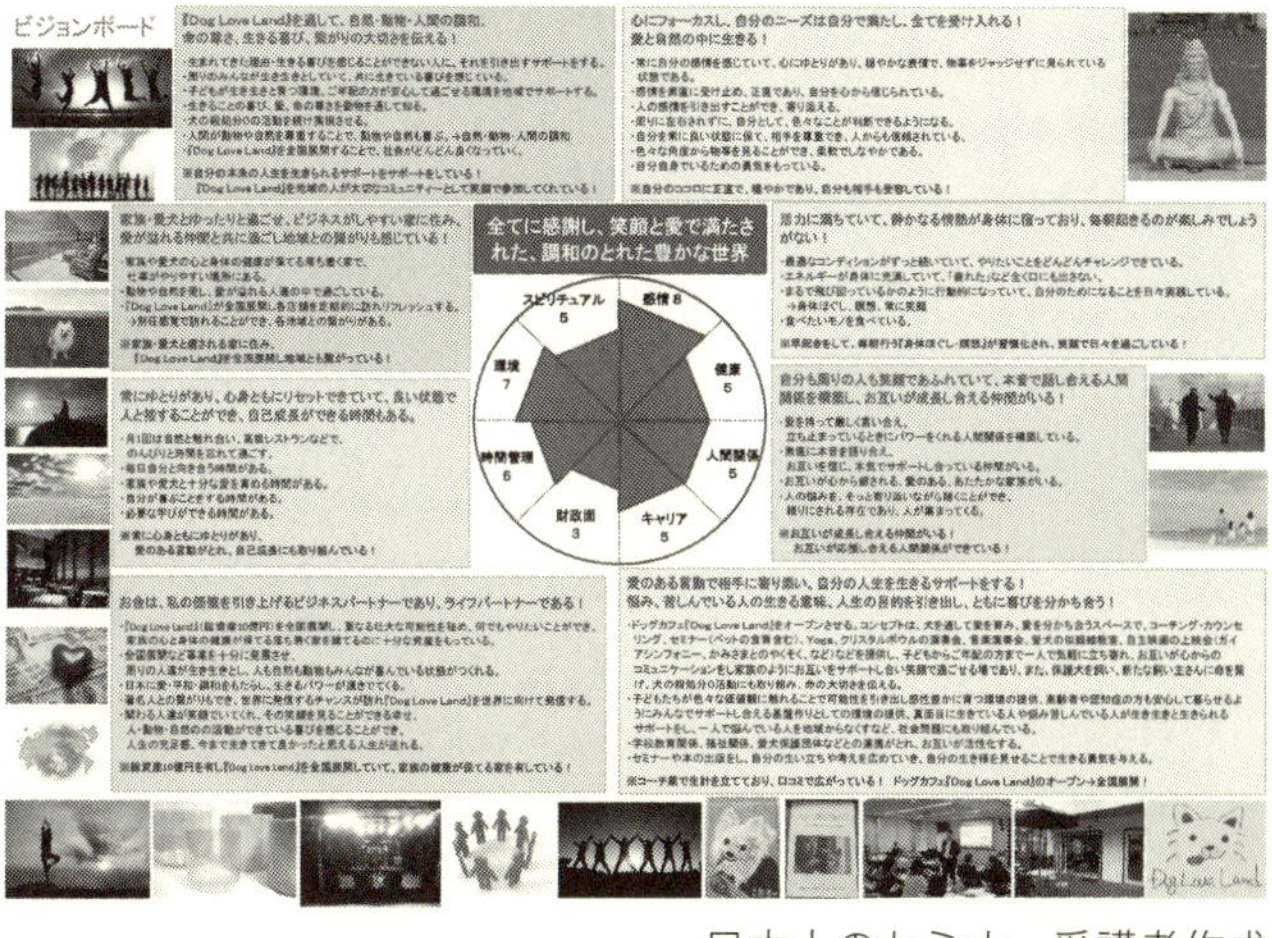

日本人のセミナー受講者作成

ステップ⑤

自分の思いをしっかりと感じてください。他人事として感情を切り離すのではなく、完全にその思いを今、ここで感じるのです。「このゴールを達成した今、どう感じるだろう？」と問いかけて思いを感じます。

ステップ⑥

成功の感情を味わったらすぐに、力強く声に出して「理想の人生を生きるために何が何でもやっている！」と言いましょう。成功への決意を自分の中にしっかりととどめておくために、これを数回繰り返します。

このプロセスを20分間続けてください。すぐに行動に向かっていける感情、状態を実感していただけると思います。

第5章には、私がこのインカンテーションやビジュアライゼーションのことを知り、実際に使ってみて大きな夢を叶えたエピソードについても記しています。

インカンテーションやビジョンボードについては、私の著作『達成の科学』でより詳しく解説していますので、ぜひそちらもあわせてご覧ください。

第5章

すぐやるためのゴールのつくり方

あなたの目標に「なぜ？」と問いかけると勝手に身体が動くゴールが見えてくる

ゴールと理由があれば一瞬で動ける

リンゴが木から地面に落ちるように、磁石のS極がN極とくっつくように、黙っていても世界は勝手に自然の摂理に従って動いています。科学技術が発達した現代においても、私たち人間の行動も、その強固なシステムから逃れることはできません。いえ、あえて抗う必要もないのかもしれません。

では、リンゴにとっての地面、S極にとってのN極というのは、人間に置き換えると何になるでしょう。それが「ゴール」です。「人間はゴールに向かって勝手に動く」という習性が自然の摂理によって定められているのです。これを利用しない手はありません。

第2章から第4章では、私たちが理想の未来をいかに「引き寄せるか」についてお話ししてきましたが、最終章では私たちが理想の未来にいかに「引き寄せられるか」を説明していきます。

ゴールが明確になっていて、そのゴールに向けて、何が何でも達成したいと思える絶対的な理由が見いだせていれば、ゴールへの80％は達成されたと言っても決して過言ではありません。

それほど、自分の中にゴールを達成すべき、絶対的な理由を見つけることは重要なことなのです。

自分の中に、絶対にゴールを達成したい、と思える強い理由があり、その理由、欲しい結果にフォーカスしていれば、あなたは必要な行動を先送りすることなどなくなるでしょう。得たい結果に向けて、すぐに次々と行動を起こしていけるはずです。

私自身の例をお話ししましょう。

本書の冒頭でもお話ししたように、私はかつて、コーチングビジネスで月100万円を稼ぐというゴールを設定し、日々行動を起こしていました。たくさんの本を読んだり、セミナーに参加して、そこから学んだことを一生懸命に実践していきました。

障害にぶつかろうとも、学んだとおりに決してあきらめることなく、とにかく試行錯誤を繰り返し、行動をしつづけたのです。ストレスだらけのたいへんな道のりではありましたが、結果として、それまでの3倍近い収入である月収80万円を稼ぐところまで到達することができました。

しかし、すでにお話ししたとおり、私はそこから徐々に必要な行動を先送りするようになっていったのです。その結果、私のコーチングビジネスはしだいにうまくいかなくなり、すっかりモチベーションも失い、無一文の状態にまでなってしまいました。

このときの私に不足していたものこそ、絶対にゴールを達成したいと思える強い理由だったのです。

どのように、私は短期間でこの状態を抜け出し、成長していったのでしょう。

お金より大切なものが最強のゴール

まず、私は兄をロールモデルとして、兄のもとカナダで衛星放送アンテナの取り付け工として働きました。この仕事ですぐにお金を得ることができるようになり、無一文の状態からは脱することに成功しました。

そして、私のその後の人生を変えたもっとも大きな出来事は、アメリカの一流サクセスコーチを雇ったことです。

私は今でも彼のコーチングプログラムに申し込んだときのことを忘れられません。この決断は、間違いなく、私が人生で今までに行ってきたものの中で、最良の決断の1つといえます。

彼とのコーチングセッションは素晴らしいものでしたが、中でも私に最もインパクトを与えた出来事がありました。それは彼とのコーチングセッションの中でのこんなやりとりでした。コーチングセッションが進み、彼はとても落ち着いた声でこう言いました。

「目を閉じて、毎月100万円を稼ぐゴールをすでに達成したところを想像してみてください。このゴールを達成した今、あなたには何が見えますか？」

私には100万円の金額が入っている銀行口座の明細書が見えました。そう伝えると、彼は「そのゴールを達成するために行ったすべてのきつい仕事を振り返ってみてください」と私に言いました。

私は頭の中で、ゴールを達成するために本当に一生懸命働いている自分を見ました。想像するだけで疲れを感じるほどでした。

コーチは私に尋ねました。

「なぜ、このゴールを達成するためなら何でも進んでやると言えるのですか？　あなたにとって、なぜそれほど価値があるのでしょう？」

彼に質問され、私は月に100万円を稼ぐことがどうして自分にとって重要なのかを考えはじめました。すると、なぜか息子の顔が思い浮かびました。そして、息子への抑えがたい愛情がこみ上げ、涙が頬を伝って流れたのです。

「私は、息子と一緒に暮らしたいのです」

これこそが、私の中にある何が何でも達成したいと思える絶対的な理由でした。

前述のとおり、無一文の状況を脱するために私はカナダにいましたが、私の息子ジョシュは母親と一緒にタイに住んでおり、ずっと離れ離れだったのです。

「目標はつねに高く」の本当の意味

「月収100万円を稼ぐのが目標」というと、とても世俗的な香りがします。まあ、ここではその是非は問いませんが、そもそも、「月収100万円」というのは「たくさん稼ぎたい」という欲望を示した単なる数字、象徴でしかありません。目標を101万円にしようが、99万円にしようが、本人の中では大差はないわけです。

そう考えると、「100万円」という数字が具体的なようで、いかに漠然としたものかがわかるはずです。つまり、目標としては非常に弱い。弱い目標には誰もモチベーション

図14　お金よりも大切な目標とは？

を感じません。だから、私はなかなか実現できなかったわけです。

しかし、お金よりももっと高次の目標を得たとたん、その「100万円」という数字に具体性が増しました。

私には小さいころ、愛情に溢れた父親がいませんでした。ですので、私は息子のためにいつでも力になり、成長と楽しい生活の手助けをすると心に誓っていました。愛情に溢れた父親のいない人生はたいへんつらいものだと身をもって知っていたからです。

「100万円」という数字は、息子との人生を具現化するためのステップの1つということが、私の中で明確になりました。

もっと強い力で私の身体を引っ張ってく

れるゴールがその上に存在していたのです。

第3章で大きなゴールの大切さについてお話ししましたが、じつは大きいゴールには2つの次元があります。

単純に100万円という数字を10倍の1000万円にするという面を広げたゴール。そしてもう1つが、お金よりももっと上にある高く伸びたゴール（図14）。

ちなみに、第2章でお話ししたドッグフードの質問を覚えているでしょうか。いくらお金を積まれてもドッグフードなんて食べたくないと答えた人でも、世界から争いが消えるという条件であれば食べると答えました。これはまさに高く伸びたゴールの効用を示しているのです。

もし、かつての私と同じように「年収を上げたい」という目標を持っているならば、なぜ「年収を上げたいのか？」をとことん考えてみてください。

もしかしたら、「起業準備をするため」とか「老後の生活費を準備したい」という理由かもしれません。しかし、それではまだ弱い。「起業した先の人生には何があるのか？」「安定した老後を得るということは、人生にどんな意味をもたらすのか？」とさらに抽象度を上げて自分に問いかけてください。

目の前にゴールが見えれば誰でも走り出す

さらに私のサクセスコーチとのセッションは続きました。

「私のあとについて言ってください。〝タイにいる息子と暮らすために、私は何でもする！〞と」

そこで、私は息子のジョシュのことを強く考えながらそのフレーズを繰り返しました。

私は息子に対して非常に深い愛情、そして成功するために大きなモチベーションを感じはじめたのです。

「同じフレーズをもう一度繰り返して」

そうコーチは言いました。

私はそのとおりにしました。

コーチは次に、「毎日20分間インカンテーションをしてください。タイにいる息子と一緒に暮らすために、私は何でもすると繰り返し声を張り上げてください」と言いました。

私はアドバイスに従って、毎朝、携帯電話のタイマーを20分間設定してジョギングをしながら「タイにいる息子と一緒に暮らすために私は何でもする！　タイにいる息子と一緒に暮らすために私は何でもする！」と繰り返し声に出して言いました。するとⅡ0分後には、ゴールへの障壁を打ち破る準備ができたという確信と、ゴール達成への断固たる決意が生まれたのでした。

結果は素晴らしいものでした。たったの2カ月で、コーチングビジネスによる収入が6倍に増加したのです。

断固たる決意をした私を止めるものはもはや何もありませんでした。コーチとともに作成したプランに沿って多くの行動をしつづけた結果、月収は40万円から240万円になったのです。月に100万円稼ぐというゴールをさらに上回る、私がそれまでに稼いだことのある月収以上のものを得たのでした。

息子に会いに帰るのが待ちきれない！　最後に会ってから6カ月も経っていたので、思いははちきれんばかりに膨らんでいました。

ようやくタイに帰ったとき、息子はすでに1歳になっていました。私は毎日息子と遊び、笑い、同じ時間を過ごしました。私の人生の中で最も美しく素晴らしい瞬間の1つは、息子とともに過ごした時間です。

ゴールに向けて、何が何でも達成したいと思える絶対的な理由が見いだせていれば、私たちは行動を先送りにすることなどなくなります。ゴールに向けて、すぐに行動を起こし

図15　絶対的な理由は勝手に人を行動させる

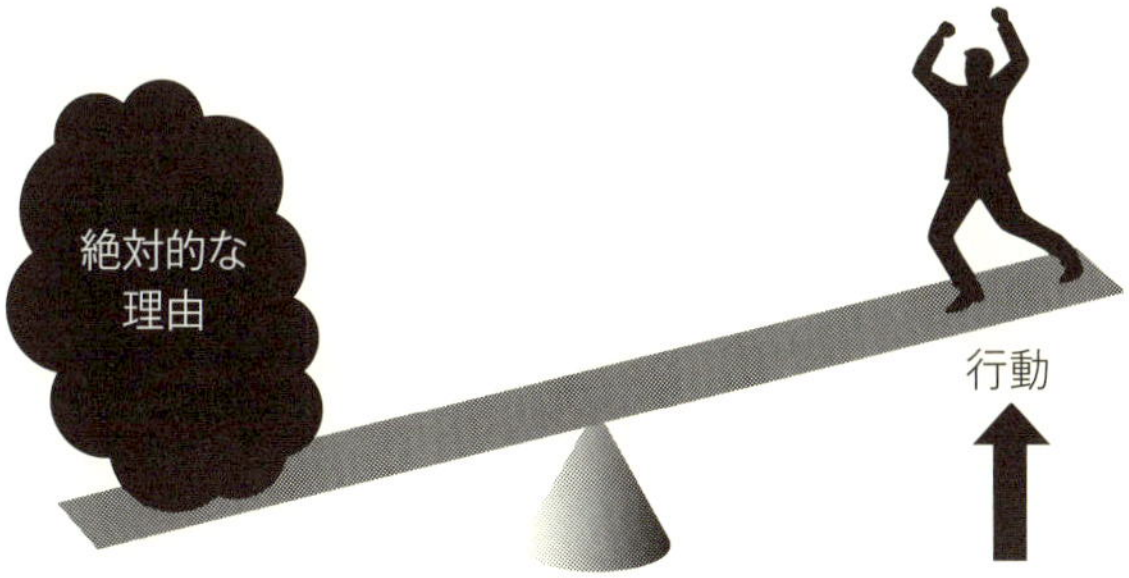

ていけるのです。

あなたの中の絶対的な理由

人をある行動に向かわせる理由というのは、それぞれが心の中に持っているもので、人それぞれにまったく違うものです。ある人を激しく動機づける理由が、別の人にとってはそれほど動機づけられなかったりすることもあります。

つまり、自分の中の絶対的な理由を見つけることが大切なのです。

あなた自身の中にある絶対的な理由を見つけるために、次の質問に答えて、その答えを書き出してみましょう。

「あなたが達成すると決断しているゴールはなんでしょう？」

「あなたは、なぜ、このゴールを達成する必要があるのでしょう?」

どのような理由を見つけることができたでしょうか。思いつく限りの理由を書き出してみてください。

強く、大きい理由が1つ見つかってもいいですし、たくさんの理由が見つかってもいいのです。

完成したリストを見返してみたとき、あなたはどのような思いを感じているでしょう?

ぜひ、あなたの中から、あなただけの行動への原動力を見つけてください。これこそがあなたを行動へと押し進めてくれる原動力なのです。

シーソーをイメージしてみてください。地面についているほうには「行動」と書かれた重そうなものが乗っており、一方の宙に浮いているほうには何も乗っていません。これが行動することができない状態です。

浮いているほうに理由を乗せていきますが、軽いものでは逆転できず、行動は浮き上がりません。行動が飛び上がるような、重たい理由を反対側に乗せることが大切なのです。もしくはそこまで重たいものが見つからなくても、いくつもの理由を積み重ねてもいいのです(図15)。

目標を達成することよりも大切なこととは？

行動、結果を生み出す3つの質問

†R・E・Mメソッド

バンコクに住んでいるある男性の話です。

彼は貧しい地域、家の出身で、長い間ずっと生きることのみ、つまりいかに日々飢えることなく食べていくことができるか、ということにフォーカスしているような人生を送っていました。

あるとき、彼は人生を変えようと、私のセミナーに参加してくれました。そしてコーチ認定コース、さらには私のコーチングプログラムにも参加して将来の成功を誓ったのでした。

今では、彼はコーチとして独立し、千万単位の年収を得ています。彼にとって、まさに人生が一変するような出来事です。

私は彼にインタビューしました。

「私から学んだことで、最もあなたの役に立ったことはなんでしょう？」

彼は即答しました。

「R・E・Mの3つの質問です」

彼はこの3つの質問を一日中ずっと自分にしつづけたそうです。いつもこの質問を自分にすることで、望んだ結果がなかなか得られないときも、モチベーションを失うことなく、つねに行動しつづけることができたのだと。

彼の話を聞いていて、私はあることに気がつきました。私自身、経済的に難しい状況にあって、なんとか人生を変えようとがんばっていたときでした。やはりコーチから次の3つの質問を教わり、一日中自分に質問をしつづけていたのです。

その結果、たくさんの行動をつづけることができたのです。

では、その3つの質問を紹介します。

3つの質問とは、R・E・Mの質問です。この質問は、行動を生み出し、成果をつくり出すスキルといえます。

R・E・Mとは、次の3つの言葉の頭文字です。

R＝Result：結果。
E＝Emotion：感情。
M＝Massive Action Plan：大量行動プラン。

それぞれの項目を引き出すための質問と内容をお伝えしていきましょう。ここまでお話ししてきたことと重複する部分もありますが、頭の中を整理する意味で「まとめ」としてお読みください。

先に見据えたものが現実となる　†R：結果

R：結果
達成することを決断している欲しい結果は何か？（今、今日、今週、四半期、今年）

多くの人は、真っ先にやり方や方法論、できるかどうかにフォーカスしてしまいがちです。

しかし、できるかどうかばかりを考えていると、本当の意味での決断にはつながりません。なかなか決断することができずに行動を先送りしたり、実際にやろうと思っても、思うようにいかなかったらすぐにやめてしまったりするのです。

すぐやる人、次々に行動をしていく人というのは過去にできたかどうかや、やり方を知っているのかどうかではなく、どんなことが実現できたらいいか、ということに基づいて考えるのです。すべては得たい結果を明確にするところからはじめます。未来の得たい結果を明確にして、そのビジョンに基づいて決断することで、目標に向けて行動できる状態ができるのです。

ほかにも、必要な行動を先送りするとき、タスクそのものに意識を向けてしまうことがあります。得たい結果そのものではなく、目の前のタスクにだけ意識を向けることで、本来の目的を忘れ、面倒に感じたりしてしまうのです。

覚えておいていただきたいのは、私たちは何であれ、フォーカスしたものを現実にするということです。自動車の運転をしているとき、意識を向けている方向に車は向かっていきます。

朝起きてから夜寝るまで、どれだけ自分の得たい結果、自らのゴールにフォーカスしているでしょうか。多くの人は日常の雑多な業務に意識をとらわれて、本来自分の得たい結果、ゴールにフォーカスしている時間が少ないというのが現実です。

得たい結果、ゴールに向けて、意識的にフォーカスをコントロールする必要があるのです。欲しい結果は、「お金が欲しい」など大まかに答えるのではなく、「○○円をいつまでに、△△によって手に入れる」など具体的にしましょう。もちろん、すでに述べたようにお金よりももっと高次なものを意識したうえでの金額であることは忘れないでください（ちなみに、それを導き出すのが「E：感情」です）。

行動の方向性、そして具体的な計画をつくり出せる明確さを手に入れましょう。

自分のゴールをより明確に　†S・M・A・R・Tルール

明確なゴールを設定するフレームワークとして、S・M・A・R・Tルールを紹介します。効果的なゴール設定に必要な5つの要素の頭文字をとったものです。

このフレームワークに沿ってゴールを設定することで、効果的なゴール設定をすることができます。

次の5つの項目に当てはめて、自分のゴールをチェックしてみてください。

S＝Specific：具体的であること

具体的な欲しい結果は何か？　どうしたらゴールを達成できたことがハッキリとわかるか？

M＝Measurable：測定可能であること

達成したことがどのようにわかるか？

A＝Attainable：達成可能であること

１から１００のうち、どれだけ達成の確信度があるか？

R＝Relevant: 関連性がある

なぜこのゴールが重要なのか？

T＝Time-Sensitive：期限があること

いつまでにこのゴールを達成することにコミットしているか？

成功者は、過去ではなく未来、目の前のタスクではなく、つねに得たい結果にフォーカスしているのです。

この質問をすることで、自分のフォーカスを得たい結果に向けることができます。

ただ単に「お金が欲しい」と言っている人と、「2016年3月31日までに、新規顧客による売上を500万円上げる」と言っている人では、行動に違いが出てくるのは明白だと思います。

そして得たい結果が明確になっていることによって、行動の方向性も明確になり、日々ゴールに向けて正しい位置にいるのかもわかるようになります。つまり、もしゴールに対して少しズレている場合であっても、早いうちに気がついてすぐに修正することができるのです。

あなたの中の止むに止まれぬ理由を探す　†E：感情

E：感情

なぜこの結果を達成したいのか？

なぜ達成する必要があるのだろう？

この達成が何を与えてくれるだろうか？

この結果を達成することに1から10でどのレベルで決断しているだろうか？

成功の80％は心理面であり、20％が行動（やり方・方法論）です。つまり、このステップは極めて重要だということです。

多くの人は、まずやり方や方法論にこだわってしまいます。もちろんやり方や方法論も重要なのですが、その前に本当に必要なのはここで得る答えです。この答えこそ、行動の原動力になるのです。

ダイエットがいい例です。痩せたいという人のほとんどは、痩せる方法、やり方を知っています。しかも、1つ、2つではなく、たくさんの方法を知っています。しかし、実際に行動を起こすことはせず、先送りにするのです。

この質問に答えることで、自分の中からゴール達成しなければならない、止むに止まれぬ理由を引き出すことができます。止むに止まれぬ絶対的な理由を見つけることができれば、80％は成功だと言っても過言ではありません。目的を見つけて、感情を引き出すのです。

思いつく限りのたくさんの答えを引き出し、書き出していきましょう。自らの最高の状態を引き出すトリガーを得るのがこのステップです。

先に紹介した私の例、「息子と暮らすために、私は何でもする！」というのもこれに当てはまります。あなたの感情のスイッチを入れましょう。

今すぐできることをリストアップ　†M：大量行動プラン

M：大量行動プラン

この結果を達成するための具体的な行動は何か？

最初に「何をすべきか？」と聞くべきではありません。これは3番目に聞くべき質問です。得たい結果が明確になっていて、止むに止まれぬ絶対的な理由が見つかったあとにすべきなのがこの質問です。

そして、ここで重要なのはたくさんの具体的な行動をリストアップすることです。少ししか行動しなかったら、当然得られる結果も少なく、大きな結果を得ることは困難です。たくさん行動するからこそ、素晴らしい結果を得ることができるのです。

答えが出たら、「ほかには？」と聞いて、さらに自分の中からたくさんの答えを引き出しましょう。1つや2つの行動ではなく、次々に行動に移していける大量の行動リストをつくるのです。

ここまでの順番がポイントです。得たい結果を明確にして行動の方向性を明確にし（R）、そして止むに止まれぬ理由を特定し（E）、そこではじめてやり方（M）なのです。2つの要素が明確になっているからこそ、ここで答えが出てくるのです。

実際にR（結果）・E（感情）・M（大量行動プラン）の質問に答えて、手帳やパソコンに書き出してみましょう。

R・E・Mメソッドを習慣にすることで、行動へと向かう必要なフォーカスを得ることができます。

バンコクの男性は、この3つの質問を一日中しつづけることで、人生を一変させるような成功を収めたのです。もし、これらの質問を1日、2日しなかったとしても、ひょっとすると人生に大きな変化はもたらされないかもしれません。しかし、この質問をしつづけた1年後、5年後、10年後と、この質問をしなかった1年後、5年後、10年後では、人生はまったく違ったものになるでしょう。

なりうる最高の自分を目指す

あなたにとって、夢や目標というものは、何を意味するのでしょうか。答えは人によってさまざまでしょう。

世界ナンバーワンの目標達成コーチといわれる私がこのようなことを言うと、もしかするとあなたは驚かれるかもしれませんが、究極的には夢や目標が達成されることだけがすべてだとは考えていません。

仕事で出世する、独立する、100万円稼ぐ、1000万円稼ぐ、1億円稼ぐ、大きな家・素晴らしい車・高級な腕時計を手に入れる、世界1周の旅に出かける、理想のパートナーと理想的な関係を築く……。どれも本当に素晴らしい目標だと思います。

しかし、そのどれもが墓場まで持っていくことはできません。究極的にはもっと重要なことがあるのです。

誰でも人生の最後、「はたして私はなりうる最高の自分になっただろうか？」と自分に問いかけたとき、自信を持って「イエス」と答えたいはずです。

では、どうすれば「なりうる最高の自分」になれるでしょうか？

私たちは創造主から今現在の人生を生きるという機会を与えられています。私たち一人ひとりの責任として、「なりうる最高の自分」になるべきなのです。

目標というのは、そのためのツールにすぎません。したがって、結果だけを見て、人生の最後に「イエス」や「ノー」と言ってはいけません。

時には望んだとおりにいかないこともあると思います。しかし、一貫してその目標に向かって日々研鑽し、成長しつづけることそのものが、「なりうる最高の自分」に近づく最も尊い、価値ある行為なのです。目標達成という結果は、いわばその副産物です。

一方で第1章であなたにお伝えしたように、先送りはあなたの夢はおろか、あなた自身を殺すと言っても過言ではありません。

この言葉を軽くは受け止めてほしくありません。あなたには夢を殺してしまうような、そんな愚かなことは決してしてほしくないのです。

この本でお伝えした道具を使って、先送りすることなく、すぐやる人として、行動しつづけ、さらなる成長を実現し、理想の人生を楽しんでくれることを願っています。

あなたはきっとこの本の中から十分な情報を得て、今後の自分の人生にポジティブな可能性を感じているはずです。

そしてあなたの中に、こんな質問が生まれているかもしれません。

「この本で学んだ情報から自分の人生から先送り・先延ばしをなくし、さらに自分の望む将来、次のレベルに向かえるだろうか？」

この質問に対して、すぐに「イエス！」と力強く答えたら、さらに「どんな行動をしようか？」と質問を重ねてください。

情報をただの知識とするのか、それとも実際に活用することで望む人生を手に入れるか。あなたも私もわかっているとおり、行動がともなわなければ決して結果が出ることはありません。

本書は私からあなたへの理想の人生への招待状です。

チャレンジすると必ず現実が好転する

†監訳者より「あとがき」に代えて

数年前、タイのビーチサイドをマイケルの運転する車で走っていました。マイケル・ボルダック ジャパン代表の吉田と一緒です。

マイケルはその当時学んでいたことについて熱心に話してくれました。彼は世界のトップといわれるようになっても、変わらず何かを学んでいます。

「つねに自分を成長させ、なり得る最高の自分を目指す」

決してブレることのない、一貫した姿勢。私たちがマイケルを尊敬してやまない理由の1つです。

マイケルにこう聞きました。

「学ぶべきことって、世の中にたくさんあると思うんだけど、その中でマイケルはどうやって学ぶテーマを決めているの？」

間を置かずにマイケルは答えます。

「そんなの簡単だよ。行動だよ。行動だけが次に自分が何を学ぶべきかを教えてくれるんだ」

なるほど、と吉田と2人で唸りました。マイケルの力強い信念に触れたときでした。

マイケルによると、行動を起こすと、うまくいったにせよ、うまくいかなかったにせよ、今、自分が何を学ぶべきか、どんな能力、知識、技術をより向上させるべきなのかがわかるのだと。

うまくいったらその考え方、やり方は効果的だったということです。その方向で学びを深めていけば、さらなる効果が期待できます。

思ったようにいかなかったのなら、何かを変える必要があるということです。それまでとは違った考え方、やり方、能力、知識、技術が必要とされていることを意味します。あとは自分の求める結果をすでに得ている人を探し出し、学ぶ対象を定め、実際に学んだらいいわけです。

そして何を置いても実践すること。行動しなければ何も起こりません。フィードバックを得なければ、今、何を学ぶべきかもわからない。そして、ただただ勉強を繰り返しても、それだけで実際に行動に移さなければ現実は変わらない。マイケルが数かぎりない試行錯誤の結果、得た答えです。

学びから実際に結果を得ることができる人と、学びを結果につなげることができない人との違いを生み出す大きなヒントがここにあるのではないでしょうか。

私自身、過去においてはなんだかんだと言い訳をしたり、人のせいにして行動の先送りばかり繰り返していました。

当時の私は自分にとってチャレンジとなる、不快適な行動から逃げているのが常でした。不確実なことにチャレンジをすることや、行動しつづけることに痛みを結びつけていました。結果的に、逃げることで人生は楽になるどころか難しいものになっていきました。

しかし、マイケルと出会い、本書でも紹介されているようなスキルを実践することで、不確実なことに対しても良い感情で行動できるようになっていきました。行動の回数が増え、チャレンジを進んで引き受けるようになると、現実は確実に変わっていくものです。

私はマイケルのセミナーで知り合った友人と会社を設立しました。売上も急速に伸ばし、今では社員数が30名ほどになります。優秀な人材がこの会社を今も成長させつづけてくれています。

さらにもう1つ、同様にマイケルのセミナーで一緒に学んだ人たちと立ち上げたビジネスも順調に成長をつづけています。

そして何より、長い間師と仰ぐマイケルのパートナーとして、今こうしてマイケルのメッセージを多くの方に届け、人の変化を助ける手伝いができるという幸運に恵まれています。

マイケルと出会った当時からすると、今まさに私は理想の人生の中にいます。

この本を手にとり、こうして読んでくださっているあなたも、ここから学んだことを実践し、理想の人生を実現してくれると信じています。

マイケルから学んだスキルを実践することでこんな成果が出ました、こんなことが実現できました、夢が叶いました……などなど、うれしいお知らせをたくさんの方々から私たちはいただきます。

私自身も、マイケルに学び、実践し、そして夢を叶えた一人です。

次は、あなたの番です。

マイケル・ボルダックと私たちチームは、あなたの理想の人生の実現を願っています。

そして、あなたのサクセスストーリーを聞かせていただくことを楽しみにしています。本書を手にとってくださり、本当にありがとうございました。

2015年11月

高野内 謙伍

[著者プロフィール]

マイケル・ボルダック　Michael Bolduc

1973年、カナダ生まれ。7歳のときに、父親が母親を殺害するという衝撃的な事件を体験。そのショックから重度の吃音症と極度の対人恐怖症となる。16歳のときには養父母の家からも追い出されて高校を中退、カネやコネはおろか、家族のサポートすら受けられないなど、絶望的な少年期を過ごす。しかし、たまたま友人に誘われて参加したセミナーをきっかけに自己変革に目覚め、吃音症を克服。その後、目標達成コーチとしてキャリアを積み、セールスの神様と呼ばれるブライアン・トレーシーから「世界No.1」と称されるまでになる。現在は南国のビーチで愛する家族とともに過ごしながら、個人コーチングやセミナー、執筆活動を通して世界中のクライアントに成功と幸せを届けている。著書に『目標達成する技術』『人を動かす技術』『達成の科学』(いずれもフォレスト出版) など。

[訳者プロフィール]
吉田裕澄（よしだひろずみ）

マイケル・ボルダックジャパン株式会社代表取締役。2007年よりマイケル・ボルダックの通訳を務め、日本におけるビジネスパートナーとしてコンテンツ作成、セミナー運営に携わり、日本人にマイケル・ボルダックの成功法則をわかりやすく伝えている。

[監訳者プロフィール]
高野内謙伍（たかのうちけんご）

2007年よりマイケル・ボルダックに師事。日本におけるセミナー運営チームのリーダーを任される。現在、日本人で3人しかいないマイケル・ボルダックが認めたマスターコーチの1人でありマイケル・ボルダックが信頼をよせるビジネスパートナー。

マイケル・ボルダックジャパン株式会社 HP
www.michaelbolduc.jp

行動の科学

2015年12月11日　初版発行
2015年12月29日　2刷発行

著　者　マイケル・ボルダック
訳　者　吉田裕澄
監訳者　高野内謙伍
発行者　太田　宏
発行所　フォレスト出版株式会社
〒162-0824　東京都新宿区揚場町2-18　白宝ビル5F
電話　03-5229-5750（営業）
03-5229-5757（編集）
URL　http://www.forestpub.co.jp
印刷・製本　中央精版印刷株式会社

ISBN978-4-89451-695-3　Printed in Japan